中 国 工 会 创 新 工 作 法

"5566"工作法

精准服务提升职工生活品质

国网天津市电力公司工会——编著

中国工人出版社

中国工会创新工作法
丛书编委会

“5566”工作法：
精准服务提升职工生活品质

编委会

出版说明

改革创新是时代发展的最强音，也是工运事业蓬勃发展的不竭动力。习近平总书记高度重视工会改革创新，强调要继续深化工会改革和建设，牢固树立大抓基层的鲜明导向，夯实基层基础，激发基层活力，不断增强基层工会的引领力、组织力、服务力。

为深入学习宣传贯彻习近平总书记重要讲话精神，推动中国工会十八大部署落地落实，促进工会工作品牌化和创新化建设，中华全国总工会策划出版“中国工会创新工作法”丛书，推出一批反映工会工作创新的典型工作法，提炼可复制、可推广的工会改革创新经典案例，集中展示中国工会改革创新实践。

从书收入的工会创新工作法，是各级工会坚持问题导向、目标导向，加强工会工作理念创新和方式方法创新的优秀代表。提炼这些工会创新工作法，既是工会组织将经过实践检验的工作经验提升到方法论层面的有益尝试，也可以为其他领域工作开展提供经验参考，推动各级工会进一步加强实践创新、理论创新和制度创新，不断绘就中国工会改革创新的新图景。

在出版丛书的同时，中国工人出版社还运用数字化手段，配套开发了工作法视频课程，开辟了线上学习专区，借助学习平台促进工会创新工作法直达广大工会干部。希望丛书的出版能为工会工作创新搭建一个交流平台，促进更多工会创新工作法的产生，共同推动工会工作高质量发展。

目录

引　言

党的二十大报告对“增进民生福祉，提高人民生活品质”作出专门部署，要求必须坚持在发展中保障和改善民生，不断实现人民对美好生活的向往。全国总工会深入贯彻落实党中央决策部署，在《中国工运事业和工会工作“十四五”发展规划》中提出“建立健全高标准职工服务体系，不断提升职工生活品质”任务目标。国网天津市电力公司（以下简称“天津电力”）被确立为全国首批“提升职工生活品质 塑造幸福生活环境”试点单位后，天津电力工会认真贯彻落实全国总工会关于提升职工生活品质的工作要求，以及国家电网有限公司（以下简称“国家电网”）党组关于为职工办实事系列部署，总结提炼多年来为职工办实事的工作经验，积极推动

“为职工办实事”向“提升职工生活品质”升级，紧密结合企业实际进行探索创新，形成了可操作、可复制、可推广的精准服务提升职工生活品质的“5566”工作法。

该工作法以“为品质生活充电，为幸福人生赋能”为总体目标，由五维价值目标升级、五项实施保障机制、六大实施载体工程和六项实践基础原则有机构成。在实施过程中，通过体系化推动、项目化管理、品牌化引领、数字化助力和多元化融合，确保了提升职工生活品质各项任务目标的层层分解和按期完成，促进了内外部服务资源的统筹使用，提升了服务职工工作的准确性、便捷性、互动性，使职工获得了更好的服务体验。通过实施“5566”工作法，精准提升职工生活品质，切实帮助职工解决了急难愁盼问题，增强了职工对企业的认同感与归属感，服务了职工的全面发展，让职工更加积极主动投入生产创造，激励职工由“个体先进”迈向“群体先进”，进一步印证了“依靠职工办企业”方针的科学性，为助力企业实现高质量发展、提升社会价值提供了一条有效途径。

第一章

“5566”工作法的背景与价值

习近平总书记在党的二十大报告中强调，“深化工会、共青团、妇联等群团组织改革和建设，有效发挥桥梁纽带作用”、“全心全意依靠工人阶级，维护职工合法权益”。对进一步深化工会改革和建设，在新时代新征程上充分发挥工会组织作用，提出了明确要求，提供了方向遵循。这就要求各级工会组织学习好贯彻好党的二十大精神，主动聚焦主责主业，以高度的责任感投身到维护职工合法权益中去，为职工办好事、办实事、解难事，当好广大职工的“娘家人”。

天津电力在国家电网党组的坚强领导下和国家电网工会的具体指导下，深入落实国家电网党组为职工办实事工作部署，坚持系统观念和守正创新，加强顶层设计，创新实践载体，系统梳理企业经验做法，形成了“理论—历史—实践”的逻辑框架，从理论视角分析，创新提出国有电网企业省级单位精准服务提升职工生活品质的“5566”工作法模型。该工作法模型既是从历史视角对我国工运事业和工会工作以及国家电网工会等上级工会组织落实党中央各项决策部署的实践总结，着力提升职工群众幸福感、获得感、安全感的经验性总结；也是从实践视角对进入新发展阶段企业服务提升职工生活品质相关实践与模型体系契合度的校验，力求在实践中形成可示范、可引领、可辐射、可推广、可持续的经验做法。

一、工作推进的理论逻辑

（一）坚持和加强党的全面领导

马克思主义有一个非常重要的基本观点：为了保证社会主义革命取得胜利，无产阶级必须组织政党；马克思主义政党不仅能够领导而且一定要领导无产阶级的一切组织。马克思、恩格斯在《共产党宣言》中指出：“共产党人是各国工人政党中最坚决的、始终起推动作用的部分”、“在无产阶级和资产阶级的斗争所经历的各个发展阶段上，共产党人始终代表整个运动的利益”。中国共产党领导是中国特色社会主义最本质特征，是中国特色社会主义制度的最大优势。工会工作是党的群团工作、群众工作的重要组成部分，是党治国理政的一项经常性、基础性工作。做好群众工作，保持党同人民群众的血肉联系，是全党重大而紧迫的政治任务，也是做好工会工作的政治原则和根本保证。党的十八大以来，习近平总书记始终高度重视工人阶级和工会工作，充分体现了习近平总书记坚持以人民为中心的发展思想，彰显了我们党始终坚持全心全意依靠工人阶级、发挥工人阶级主力军作用的执政理念。2023 年 3 月，全国两会期间，习近平总书记强调：“必须以满足人民日益增长的美好生活需要为出发点和落脚点，把发展成果不断转化为生活品质，不断增强人民群众的获得感、幸福感、安全感。”当前，我国已全面建成小康社会，广大职工群众对美好生活的向往，正在从追求“有没有”向追求“好不好”转变。为职工提供受众更广泛、机会更均等的精准性服务，是促进共同富裕、打造高品质生活的基础性工程，是各级工会组织忠诚拥护“两个确立”、坚决做到“两个维护”的具体实践。

（二）主动融入中国式现代化建设

党的二十大明确提出，从现在起，中国共产

党的中心任务就是团结带领全国各族人民全面建成社会主义现代化强国、实现第二个百年奋斗目标，以中国式现代化全面推进中华民族伟大复兴。中国式现代化以实现人的自由而全面的发展为最终目标，追求人民至上的价值导向，让现代化更好回应人民各方面诉求和多层次需要，让现代化建设成果更多更公平惠及全体人民。新时代赋予工会新的使命，新征程召唤工会新的作为。以中国式现代化推进全体人民共同富裕，对工会组织牢固树立以职工为中心的工作导向，认真履行工会基本职责，用心用情做好联系服务工作提出新的课题和挑战。当前，企业工会工作面临诸多形势变化，为进一步协调数字化、智能化等用工方式与职工之间形成的新型生产关系，拓展工会在企业管理理念多元化改革中的工作空间，回答新一代职工个性化价值需求向传统的工会服务模式提出的新课题与新要求，作为向职工提供服务的“供给侧”，企业工会需要加快改革创新的步伐。各级工会组织必须以“等不起、慢不得、坐不住”的责任感和紧迫感，创新服务理念、服务方法和服务载体，建立全要素、系统化和全面性的创新方式，更好地发挥在推进中国式现代化中的“协同力量”。

（三）坚定推动经济高质量发展

当前，在国际金融危机影响、新工业革命的挑战和经济复苏不及预期等诸多因素作用下，全球经济面临的不确定性和风险加剧。全球治理体系和国际秩序的变革加速推进，世界经济格局正在发生深刻变化。为了应对新局势、新趋势带来的新变化，在国家经济发展的新阶段下实现经济可持续发展，以更为丰富、稳定、均衡、优质的市场供给持续保障并不断提升人民生活质量，党中央提出加快形成以国内大循环为主体、国内国际双循环相互促进的新发展格局。工会组织作为党联系职工群众的桥梁和纽带，应进一步把握好高质量发展与高质量生活关系的内在逻辑，要站在助力“双循环”、推动高质量发展、实现共同富裕的政治高度推动工作、指导实践。以提升职工生活品质工作为手段，解决职工生活中存在的问题，解除职工后顾之忧，是不断增强职工消费能力与提振职工消费信心的有效途径，从而培育强健有力的需求侧，打造构建国内大循环的强大动力源，形成推动高质量发展的重要动力。工会可通过系统集成服务职工资源，助力企业乃至全社会职工生活服务供应链的构建与培育，打造经济发展的新增长极。工会以提升职工生活品质为抓手，推动人力资本理念变革，更加注重发挥职工作用，充分释放职工潜能，全面开展技术、管理创新，根本上是对新发展理念的深入贯彻，以人为本，推动供给侧能力全面提升。

二、服务迭代的历史逻辑

（一）顺应国家历史方位新变化

中国特色社会主义进入新时代，我国社会主要矛盾已经转化为人民日益增长的美好生活需要和不平衡不充分的发展之间的矛盾。党的十九大报告中就已经描绘了夺取新时代中国特色社会主义伟大胜利的宏伟蓝图，作出在2020年全面建成小康社会的基础上，分两步走在本世纪中叶建成富强民主文明和谐美丽的社会主义现代化强国的战略安排。这是工人阶级的历史重任，也是工会组织必须肩负的庄严使命。从国内情况看，当前我国职工队伍规模不断壮大、结构深刻变化、素质逐步提升、权益得到实现，同时在收入分配、利益诉求、价值取向、思想观念等方面呈现日益多样化、差异化的新特征。这要求工会组织坚持以职工为中心的工作导向，深化对职工队伍发展变化特点与规律的认识，研究解决职工在劳动经济、精神文化、民主法治、公平公正、安全环境等方面多样化的需求，协调不同职工群体之间的利益关系，更好保障职工体面劳动、舒心工作、全面发展。从国际形势看，当今世界正处于大发展大变革大调整时期，全球治理体系和国际秩序变革加速推进，我国面临的改革发展稳定任务之重、矛盾风险挑战之多、治国理政考验之大前所未有。这要求工会组织发挥自身政治优势、组织优势、制度优势、群众优势、资源优势，引领职工脚踏实地艰苦奋斗、改革创新，引导职工做企业发展的主人，构建企业与职工的利益共同体、事业共同体、命运共同体；发挥好服务职能，准确定位社会主要矛盾转变对职工需求的影响，面对职工多元化、差异化需求，通过搭建上下左右、多层次多条线共同参与的联合组织，建立多领域、多维度、多层面、多要素集合的服务体系，更好地满足职工核心诉求和多元化需求。

（二）走好新时代党的群众路线

习近平总书记指出，群众路线是我们党的生命线和根本工作路线。群众路线也应该成为工会工作的生命线和根本工作路线。坚持党的群众路线是工会组织的必然选择，也是开展工会工作的内在要求。工会组织必须深刻把握新时代党的群众路线新内涵、新要求，积极适应发展变化的新趋势和职工群众的新需求，坚持维护职工利益，以实际行动打动人心、温暖人心、影响人心、赢得人心，团结引导广大职工成为党执政的坚实依靠力量、强大支持力量、深厚社会基础。当前，我国面临社会结构调整、思想观念转变、职工群众内部利益诉求多元化的新情况、新特征，特别是“90后”、“00后”职工比例日渐提升，对企业文化、福利待遇等都有着更高要求，新一代职工的价值观和需求已经不再满足于工会的传统服务模式。同时，工会还存在体制机制与劳动关系、职工队伍的新变化不相适应，工会工作载体和手段还不够丰富，做好群众工作的能力水平还有短板等问题，与职工需求存在差距。这些迫切需要工会发挥自身优势，以开展提升职工生活品质工作为切入点，建立和完善一整套关爱服务职工的创新机制。

（三）服务职工体系迭代升级

2019年，国家电网党组正式下发《关于关心关爱职工为职工办实事的意见》，全面部署为职工办实事工作，既是落实党的群众路线部署、尊重职工主体地位的创新实践，也是构建和谐劳动关系、凝聚团结奋斗力量的重要途径，为天津电力做好国有企业服务职工工作进一步指明了方向。根据《关于关心关爱职工为职工办实事的意见》，天津电力深入落实关于服务职工美好生活、为职工办实事的部署要求，坚持以职工需求为导向，重心下移，集中服务资源，发挥专业协同优势，始终把职工满不满意、党委放不放心作为衡量工作成效的根本标准，主动拉近企业与职工距离，让职工听得见声音、看得见变化、体会到温度，努力形成“企业为我办实事、我为企业作贡献”的良性互动。扎实推进“十项举措”落地见效，在实效中求长效，在此期间为职工办的50件实事，不是50个单独的案例，而是一个系统的工程，这期间的生动实践让职工服务体系更加规范、高效、透明，职工发展通道更加科学、合理、有序，职工服务举措更加丰富、精准、普惠，职工成长环境更加安全、和谐、美好，职工文化生活更加积极、健康、向上，切实达到了聚民心、强信心、暖人心的显著效果，为做好国有企业职工生活品质提升工作奠定了坚实基础。

三、工作创新的现实逻辑

（一）彰显工会组织价值作为

时代在发展，事业在创新，工会工作也要发展和创新，这就要求工会组织必须以坚定的政治性引导职工，以鲜明的先进性组织职工，以广泛的群众性凝聚职工。坚持加强基层工会建设，是工会工作彰显活力、发挥作用的基础和关键，是构建联系广泛、服务职工的工会工作体系的固本之策。提升职工生活品质是工会强化工会服务职工开发性功能、促进职工共同富裕的重要载体，是工会牵引社会资源，为职工提供优化服务，进而增强工会凝聚力、组织力的重要方式。工会作为党领导下的工人阶级群众组织，要充分发挥党联系职工群众的桥梁纽带作用，响应职工美好生活需要，开展提升职工生活品质行动，系统集成服务职工资源，打造服务职工综合体，培育服务职工生活的新增长极和动力源，用高品质生活拉动职工共同富裕，运用社会力量与社会资源，联合一批专业智库出谋划策，联合社会组织、公益机构开展相应项目，联合政府部门、公益力量、专业机构实现共赢倍增，引导专家学者、新闻媒体为工会和职工发声，充分发挥工会激发劳动、知识、技术、管理、资本等要素活力迸发的联结点、枢纽作用。

（二）全心全意依靠职工办企业

党的十八大以来，习近平总书记站在党和国家事业发展全局的高度，围绕工人阶级和工会工作多次发表重要讲话、作出重要指示，深刻阐明了工人阶级和工会工作的地位作用、目标任务、实践要求，科学回答了工人阶级和工会工作的一系列方向性、根本性、战略性重大问题，形成了习近平总书记关于工人阶级和工会工作的重要论述。作为企业工会组织，要深刻学习领会，立足工会工作特点和群众工作规律，发挥自身组织优势，用足用好各项服务资源和手段，凝聚职工、动员职工、激励职工建功立业，助力企业破解发展难题，充分彰显工会工作的价值和作用。当前，能源革命和数字革命相融发展，国资国企改革、电力体制改革向纵深推进，国家电网党组在深入分析发展形势、目标任务、管理原则的基础上，提出建设“具有中国特色国际领先的能源互联网企业”的战略目标和“一业为主，四翼齐飞，全要素发力”的发展布局。职工是企业的基石，是支撑战略实施的主要力量，是实现宏伟蓝图的根本保障，需要始终贯彻全心全意依靠职工办企业的方针，尊重职工在实践活动中所表达的意愿、所创造的经验、所拥有的权利、所发挥的作用，充分调动好、发挥好、保护好职工的工作热情，进一步赢得职工的理解和支持。2019 年以来，国家电网持续开展为职工办实事活动，形成“为职工办实事”的长效工作机制，全面系统开展关心关爱职工工作，凝聚人心、融洽感情、增进共识，全面调动职工守正创新、干事创业的工作热情，有效激发蕴藏在职工队伍中的创新活力，把广大职工团结起来、凝聚起来，使公司的决策部署最大限度地获得职工的理解支持并贯彻执行，实现职工与企业共同发展，合力打造有温度的“国网家园”。精准服务提升职工生活品质是全心全意依靠职工办企业的再升级，是落实“为职工办实事”的再深化。职工既是生产的主导因素，又是消费的主体力量，工会通过提升职工生活品质，培育高标准的服务职工项目，来满足职工消费的意愿，助力内需体系的形成。

（三）打造可复制、可推广的试点范式

全国总工会鼓励各级企业因地制宜开展提升职工生活品质试点工作，以满足职工需求为导向，积极探索创新精准性、生活性服务职工体系的业态、模式、机制，着力打造一批服务职工基地，培育一批社会资源和力量，形成一批服务职工创新模式，建成示范性好、辐射功能强的服务型、枢纽型、高质量服务职工综合体和职工生活幸福、环境良好的企业样板，以点带面、示范引导，推动联系广泛、服务职工的工会工作体系日益健全，更好地助力职工享有更稳定的工作、更满意的收入、更可靠的社会保障、更充足的生活福利、更丰富的精神文化生

活，为服务新发展格局作出积极贡献。作为全国总工会首批“提升职工生活品质 塑造幸福生活环境”试点单位，天津电力对照《中国工运事业和工会工作“十四五”发展规划》的目标任务以及总体部署，落实国家电网党组《关于关心关爱职工为职工办实事的意见》等，聚焦构建“央企特色、电网特点、国内领先、模式创新”的职工生活幸福、环境良好的服务职工的企业样板，编制《提升职工生活品质试点工作三年规划（2022—2024年）》，明确38项重点实施项目。从发展基础、社会环境评估及分析、指导思想与工作目标、功能布局与建设任务、管理和运行机制、预算估算、政策保障措施七个部分全面阐述，提出规划目标、工作思路、建设模式、任务清单和工作计划。在上下两级工会组织两年多的实践过程中，逐步打造生产经营健康有序，劳动用工合法规范，工会组织健全完善，具有职工广泛认可的服务项目，形成了具有推广价值和示范意义的工作范式，为进一步做好该项工作奠定了坚实基础。

第二章

“5566”工作法的体系构建

天津电力党委认真落实国家电网党组《关于关心关爱职工为职工办实事的意见》，自2019年以来，正式启动了为职工办实事工作，在“顶层规划，体系运作”、“规范管理，透明高效”、“常态开展，精准关爱”、“因地制宜，依法合规”四项原则的指导下建立为职工办实事的长效机制，连年推进服务职工美好生活“十件实事”工作，积累了服务职工的丰富成功经验，成果累累、效果显著，构建了优质的生产生活条件，形成了特色的职工文体活动品牌，全面实施职工帮助计划，强化职工权益保障，打造了多层次的职工人文关怀体系。而面对职工对工会服务体验感的要求日益提升，工会开始思索企业如何满足职工多样化需求的新课题。恰逢此时，全国总工会提出提升职工生活品质建设工作，为职工办实事所带来的丰厚成果为天津电力开展提升职工生活品质工作奠定了坚实的现实基础。

2022年，天津电力以提升职工生活品质为抓手，打造新时代服务职工的创新模式，以“为品质生活充电，为幸福人生赋能”为总体目标，并在实践探索过程中总结形成“5566”工作法，即五维升级为价值目标，五项机制为实施保障，六大工程为实施载体，六项原则为实践基础，构建了一个系统化的有机整体。其中，“两为”与五维升级构成目标层，五项机制与六大工程构成实施层，六项原则构成基础层，三者之间构成递进关系，如图1所示。

一、精准构建目标层

聚焦精准服务提升职工生活品质，由总体目标和价值目标两个层级构成，以“为品质生活充电，为幸福人生赋能”为总体目标，以“服务理念升级、服务对象升级、服务资源升级、服务方式升级、服务机制升级”为价值目标。

（一）总体目标

“为品质生活充电”，紧紧抓住物质生活需要和精神文化需要的关系，在对全国总工会提出的提升职工生活品质工作七项任务进行归纳的基础上凝练而成。人民对美好生活的期待不仅是对物

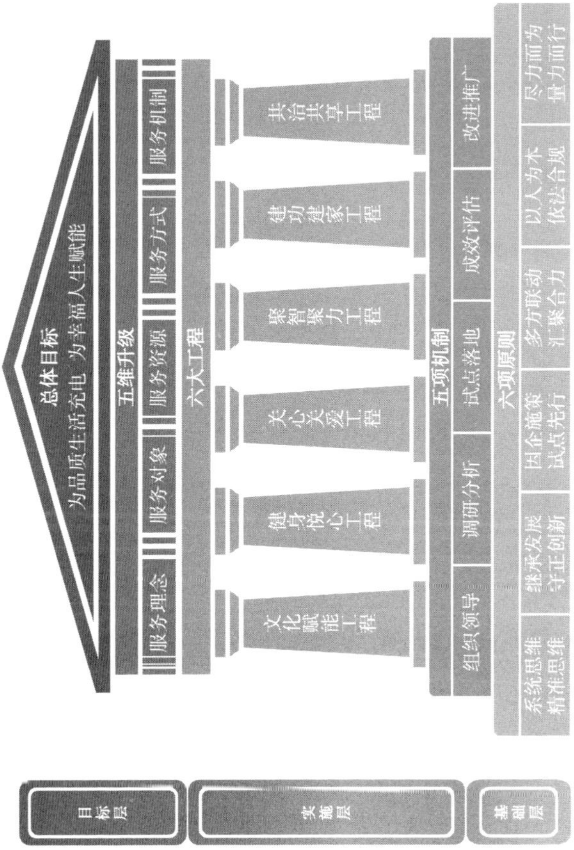

图1 “5566”工作法系统示意图

质生活要求的提高，而且还是对精神文化需要的要求。新发展阶段建设高品质生活，既要注重经济社会发展带来的物质生活需要的持续提升，实现物质生活的高品质，也要高度重视不断满足群众多样化、多层次、多方面的精神文化需求，实现文化生活的高品质。

“为幸福人生赋能”，基于职工对服务需求的转变逐渐趋于多元化、个性化、专业化，制定提升职工生活品质的任务清单，明确各任务的方向、重点、举措及预期目标；引入更多的社会优质资源，实现社会资源供给与职工需求零距离、多渠道、精准化对接共享，满足不同职工乃至职工家庭的多样化需求，扎实推动建设高品质生活，促进职工全面发展。

（二）五维升级

1. 服务理念升级，由“物质文化服务”向“品质生活服务”升级。

电网企业作为技术密集型企业，职工呈现文化水平高、竞争意识强、偏好挑战性工作等特征，职工需求也从过去单一的物质需求转向了物质需求、精神需求、发展需求、价值实现需求并重的局面，职工希望有更稳定的工作、更满意的收入、更可靠的社会保障、更充足的生活福利、更丰富的精神文化生活。在提升职工生活品质工作中要突出职工服务体系的精准化、精细化特征，应用数据分析手段来满足职工的个性化服务需求。

2. 服务对象升级，由“职工个人”向“职工个人 +”升级。

家庭是职工奋斗事业的基础，和谐家庭是职工事业获得成功的关键。如何向服务职工家庭需求拓展，更好地解决职工生产生活的后顾之忧，是当前时期工会工作面临的重大课题。工会作为广大职工的“娘家人”，在开展提升职工生活品质工作中，需要转变过去将服务焦点放在职工个人的工作思路，从单纯服务职工个人向服务职工家庭拓展，将服务范围和服务触角向职工家庭延伸，增加家庭服务项目，强化家庭服务内容，积极探索开展职工子女托管、养老帮办、家政服务、家庭健康服务等工作，增强职工家庭对企业的认同感，以更具生活色彩的服务举措提升职工的幸福指数，激励职工将更多的精力投身于干事创业之中。

3. 服务资源升级，由"内部资源为主"向"内外资源交互"升级。

单纯依靠天津电力工会开展服务职工工作存在一定程度的资源局限性，为满足职工多元立体的生产生活需要，工会不仅要向内部汇聚人、财、物等资源，也要联合政府部门、社会组织、公益机构、专业机构、新闻媒体、专家智库等外部社会资源，系统集成服务职工资源，充分发挥工会联结点和枢纽作用，适配职工需求与外部供给，共同构建多方交互、集群联动的服务职工工作体系，打造社会资源与职工需求精准对接的枢纽平台，形成具有中国特色的服务职工供应链体系。

4. 服务方式升级，由"线下为主"向"线上线下融合"升级。

随着新技术的发展和应用，经济形态、供给方式、生活方式都在随之变化，传统的线下服务已经不能满足新时代快节奏的生活，多样化、差异化的职工需求亟须通过数字化、平台化等服务方式得以满足。构建"线上线下一体化"的平台化服务模式，在提升职工生产生活满意度的同时，推动社会化职工服务产业链的全面建设。深化“大云物移智链”信息技术应用，在原有的职工服务阵地建设、服务活动组织、服务工作开展以线下方式为主、线上方式为辅的基础上，优化企业智慧工会云平台、App、微信公众号等，打造职工生活关爱智能化平台，充分发挥网络平台的支撑作用，为职工提供更加丰富和高效的模块化智慧管理和服务。

5. 服务机制升级，由“非结构化”向“系统集成”升级。

当前，全国上下各企业广泛开展“为职工办实事”、“职工关爱”等活动，但普遍将其作为一种常规性实践活动策划举办，未上升至管理行为及工作机制。基于此，天津电力先行先试，进一步深化、优化、细化职工服务工作，探索建立涵盖需求调研、方案制定、过程监控、成效评价、完善推广的具体流程机制，建立提升职工生活品质常态长效机制。

二、持续优化实施层

五项机制和六大工程合力构成了实施层，五项机制为六大工程的实施提供了坚实的规则保障，为六大工程平稳有序推进保驾护航。六大工程在实践过程中，对五项机制不断验证，促进机制持续改进、不断优化。二者合力，以六项原则为基础，确保目标实现。

（一）五项机制

1. 健全组织领导机制。

天津电力党委高度重视提升职工生活品质工作，在其领导下构建了由提升职工生活品质领导小组、领导小组办公室、专家咨询组和柔性团队构成的联合组织，明确各组织机构的职责分工，形成“筹备—建议—制定—审议”的科学领导机制，协同推进提升职工生活品质各项任务举措高效落地。

2. 健全调研分析机制。

在调研方式选择方面，采取“问卷调研 + 实地调研”相结合的方式，开展提升职工生活品质调研。方案制定阶段，全面征集广大一线职工对服务项目、服务内容、服务诉求的具体意见和建议，确保建设任务的制定更加满足职工的真实需求。在任务开展实施过程中，不定期深入基层一线调研各项举措推进的实际进度、遇到的问题及过程评价，确保各项工作更加顺利高效地推进。在各年度收尾阶段，全面调研广大职工对于提升职工生活品质任务落地成效的真实评价，了解职工对提升职工生活品质工作的满意度，打造调研的闭环管理模式。

3. 健全试点落地机制。

根据实际情况部署，鼓励基层承接 1~2 个项目作为试点进行深入探索。在实施过程中，要确保进度的推进、重点工作的落实、结果的评价和总结，并提炼出亮点和特色。试点结束后，对典型案例进行总结，并全面推广。在实施监控方面，建立进展反馈机制，采取“季度报告 + 实地考察”的方式，及时发现和改进问题，确保各项举措全面落地。

4. 健全成效评估机制。

坚持定量评价与定性评价相结合。从服务职工标准化、社会资源质量控制、职工满意度三大维度出发，建立服务职工标准化指标体系、社会资源质量控制指标体系及职工满意度指标体系，设定不同维度指标的权重，形成职工生活品质指数。

5. 健全改进推广机制。

在成果研究总结方面，编制提升职工生活品质的研究报告，总结优秀做法、管理机制、创新模式，并分类别、分层次策划服务职工典型经验，创新服务职工特色模式，形成《国网天津市电力公司提升职工生活品质典型经验集》，打造服务职工特色品牌。

（二）六大工程

1. 文化赋能工程。

坚持团结引导广大职工听党话、跟党走，把思想引领融入职工文化建设，以习近平新时代中国特色社会主义思想为指导，培育职工。以中华优秀传统文化滋养职工心灵，以职工文化品牌建设凝聚职工合力，打造健康文明、昂扬向上、全员参与的职工文化。

2. 健身悦心工程。

通过完善职工体检及体质监测项目、广泛开

展群众性文体活动、建立职工心理健康管理模式，积极构建全方位全周期健康服务体系。通过以上方式，职工身心更健康、思维更敏捷、更有合作精神，为企业发展注入更多创新思路，提高企业的劳动生产率。

3. 关心关爱工程。

为了进一步发挥央企优势、承担央企责任，天津电力结合行业特点，在人资、后勤、工会等各专业部门勠力协同的基础上，进一步科学划分职工群体，精准定位职工需求，创新服务职工方法。建立“常态化”送温暖机制、“分类化”困难帮扶机制等关爱体系，有效帮助职工解决急难愁盼问题，更好满足职工多元需求。

4. 聚智聚力工程。

充分发挥工会联结点和枢纽作用，精准对接和满足职工需求，积极引入外部专业的社会资源，打造内外部良性交互的资源平台，不断丰富职工服务项目和产品，并建立对外部资源质量的控制机制，不断提升服务质量。

5. 建功建家工程。

在满足职工衣食住行等基本需求的前提下，

通过定位职工对饮食环境、文体活动场所的进阶需求，深化"五小"创建、打造绿色食堂、优化场馆建设、打造学习阵地等，优化职工生产生活条件，持续提升工会团结、教育、引领和服务职工质效。

6. 共治共享工程。

切实维护职工的合法权益，探索建立规范有序、公正合理、互利共赢、和谐稳定的劳动关系。严格落实国家规定的福利政策，同时结合企业自身实际情况及职工福利需求，探索建立与职工日常生活紧密相关的多元化福利产品体系。鼓励职工服务社会，彰显央企在推动经济社会发展中的责任担当。

三、扎实筑牢基础层

以六项原则为"5566"工作法的实践基础，坚持精准发力与普惠服务有机融合，在提升职工归属感的同时增强企业的内部凝聚力，更好地助推企业发展。

（一）坚持系统思维和精准思维

坚持系统思维，把控好全局和局部、当前和

长远、宏观和微观、主要矛盾和次要矛盾、特殊和一般的关系，坚持把提升职工生活品质作为出发点和落脚点，不贪大而全，紧抓主线、系统谋划，分清轻重缓急，切实解决职工的急难愁盼问题，分层分级做好职工服务工作，创新职工服务体系。在系统思维的基础上，坚持精准思维，精准聚焦职工个性化需求，以精准服务为导向，推行工会服务职工工作项目清单模式；精准对接社会资源与职工需求，培育服务项目群，引导企业改善职工生产生活条件。

（二）坚持继承发展和守正创新

继承是发展的前提，发展是继承的必然要求。提升职工生活品质是在为职工办实事的基础上，准确把握新形势、新要求，着力丰富职工服务的内涵和外延。在提升职工生活品质工作中，“守正”就是坚持以人民为中心的发展思想，立足职工对美好生活的需要，推动企业发展成果更多更公平惠及全体职工，推动天津电力事业高质量发展；创新就是顺应新时代发展要求，积极识变应变求变，大力推进工作创新，提出新思路、新举措、新战略。

（三）坚持因企施策和试点先行

立足企业实际，综合利用现有资源，科学谋划、分类指导、组织实施。根据实际需要选择试点，在总结、继承过去优秀经验，对其进行优化、完善的基础上，以问题为导向，围绕试点任务，全面开展理念创新、模式创新、政策创新、制度创新、管理创新、方法创新，勇于突破体制机制瓶颈，大胆试、大胆闯，探索构建新的服务机制。

（四）坚持多方联动和汇聚合力

加强与全国总工会、天津市总工会和国家电网工会的汇报沟通，建立联动工作机制，为天津电力提升职工生活品质提供指导和外部资源。加强沟通和协调，发挥各类经济实体的作用，汇聚社会服务资源和专业力量共同参与试点的各项工作任务，构建各方参与、多方共赢的服务职工工作新格局，打造汇聚各类资源的交互平台。

（五）坚持以人为本和依法合规

牢固树立法治意识和纪律观念，在国家法律政策和天津电力的规章制度范围内为职工办实事，做到操作规范化、程序化、制度化，确保为职工办实事合规合纪合法，构建规范的由行政资金、职工福利费以及工会经费共同构成的项目专款体系。以人为本与依法合规并不冲突，二者是一脉相承、相辅相成的关系。依法合规为以人为本的理念提供更好的沃土，以人为本的理念必须在依法合规的条件下才能实现。在依法合规的条件下坚定坚持以人为本的理念，使职工的需求得以实现。

（六）坚持尽力而为和量力而行

尽力而为，就是要发挥主观能动性，调动一切积极因素，尽最大努力多谋职工之利、多解职工之忧。量力而行，就是要从实际出发，充分考虑经济发展和财力等基础条件，提出切实可行的目标。提升职工生活品质，既要激发全体职工尽力而为的干劲、久久为功的韧性，也要建立在企业发展和财力可持续的基础之上，理性务实，让职工生活品质得到更多实实在在的提升。

第三章

“5566”工作法的具体实践

天津电力以思想引领为统领、以人文关怀为核心、以权益保障为根本，深入开展文化赋能、健身悦心、关心关爱、聚智聚力、建功建家、共治共享六大工程，系统化、精准化推进职工生活品质提升，如图 2 所示。

图 2 六大工程示意图

一、以思想引领为统领

（一）文化赋能工程

为深入贯彻落实习近平总书记“讲好中国故事、传播好中国声音”的指示精神，激发职工文化创新创造活力，坚定文化自信，以“举旗帜、聚人心、育新人、兴文化、展形象”为主线，以“职工思想政治引领、职工文体协会建设、职工文化自信弘扬、职工文化品牌创新”为四大抓手，真正为打造电力“双碳”先行示范区、建设具有中国特色国际领先的能源互联网企业提供强大的价值引导力、文化凝聚力和精神推动力。

1. 以思想政治引领发挥工会“大学校”作用。

（1）提升职工政治理论水平。充分利用网上平台和天津电力内外媒体，创新宣传形式和载体，通过定期组织理论宣讲、知识竞赛、主题性文体活动，引领广大职工全面学习贯彻习近平新时代中国特色社会主义思想，不断提升职工思想政治素养。

（2）大力弘扬“三个精神”。天津电力积极落实国家电网要求，大力弘扬劳模精神、劳动精神、工匠精神，集中宣传活动部署，充分发挥劳模工匠等先进典型的示范引领作用，深入推动个体先进向群体先进，进而向全体先进的升级。2022 年，公司工会成立以时代楷模、改革先锋张黎明同志等 10 人为先进代表的新时代劳模宣讲团，累计开展各类宣讲 150 余场，受众 7 万余人次，用实际行动当好党的创新理论的忠实传播者。张黎明同志也获评全国基层理论宣讲先进个人。

（3）凝聚职工精神力量。组织职工文学骨干采写身边榜样的先进事迹，出版《电靓津沽—奋进新征程的天津电力人》《从个体先进到群体先进》等图书，扩大榜样的影响力，将劳模精神和工匠品质沉淀为企业文化、队伍气质。

2. 建实职工文体协会，繁荣职工文化生活。

天津电力工会根据职工需求、各单位工会的实力和承载力，组建了 21 家职工文体协会，并充分发挥其作用，引导建章立制，明确管理组织架构和人员职责，指导各职工文体协会制定本协会年度活动方案、审批协会活动预算。工会提供必要的经费支持，对职工文体协会年度工作质效进行考核并给出改进提升建议，全面提高职工文体协会的组织管理水平和职工会员专业技能。职工文体协会负责制订本协会年度计划、活动方案和应急预案，完成活动组织工作，做好过程资料的收集归档，规范使用活动经费。同时，确立本协会的品牌标识，如logo、口号、旗帜、徽章、奖杯和奖章的独特造型等，培育百花齐放的协会文化，彰显协会个性。

在职工文体协会建设中，实施“骨干+爱好者”两级会员梯队架构，由核心骨干带动专业水平提升，由广大爱好者扩大活动影响力。职工文体协会广泛吸纳具有共同兴趣爱好的职工入会，会员信息汇总表每年上报至天津电力工会。同时，积极组织学习培训、对外交流、成果展示、晋级高级别会员等活动，加强优秀会员培养。充分发挥骨干人才的引领辐射作用，积极创建职工文化工作室，建设组织带动职工、教育引导职工、联系服务职工的实体阵地。

依托各级文体活动阵地，坚持“小型化、多样化、常态化、普及化”的原则，通过分层组织、上下联动、横向交流、内外结合的工作方式，将职工文化体育活动与企业文化、思想教育、素质提升相结合，广泛开展有利于职工身心健康和素质提升的文体活动，如已开展的“喜迎二十大、永远跟党走”、“文化载道 翰墨飘香”、“冰雪情·冬奥梦”等系列职工书法、绘画、篆刻创作活动，深得职工喜爱。

3. 结合中华传统文化与地域特色，坚定职工文化自信。

文化是民族的精神血脉。每逢春节、端午节、中秋节等中国传统佳节，天津电力积极把握节日的深厚文化底蕴，充分利用“我们的节日”主题活动平台，组织职工广泛开展志愿服务、经典诵读等活动，感受传统文化魅力，培育特色鲜明、气氛浓郁的节日文化氛围，发挥文化怡情养志、涵育文明的重要作用。中秋佳节，面向新入职职工及青年职工组织开展“海河揽月 我爱津门”骑行活动，了解天津的风土文化，增强归属感，以实景教育促进了青年精神素养提升。组织开展“拾趣中秋 月享团圆”系列活动，征集与中秋主题相关的摄影、手工、书画、诗文朗诵、美食制作等职工文化作品近百篇。在端午节，面向无法与家人团聚的异地职工组织开展“浓情端午 粽享欢乐”主题亲子活动，以活动连接一个个小家，共同传承优秀传统文化。

在中华优秀传统文化中，妻贤夫安、耕读传家、勤俭持家等传统家风深刻影响着家庭成员对廉洁行为的情感认同。以好家风涵养廉洁文化，主动对接时代主题，加强传统家风的影响力、感召力、渗透力，实现以文化人。以弘扬中华优秀传统文化、建设廉洁家风为主题，面向职工和家属开展“廉洁家风我来讲”书法、字画、廉洁故事音视频征集工作，推动全体干部职工自觉做良好家风的“廉内助”，做幸福家庭的引领者、监督者、守护者，明大德、守公德、严私德，涵养家国情怀。

鼓励职工创造更多津腔、津调、津风、津范的文化作品，打造具有天津地域特色的职工文化。原创“评书述辉煌”系列节目，由职工自导自编自演，将涉及“三大战役”、“两弹一星”等与党史相关的小故事，以“说评书 话党史”的形式生动形象地呈现给更多职工，极大地丰富了职工文化内涵。

4. 搭建职工成长舞台，点亮职工文化活动品牌。

工会充分发挥凝聚人、培养人、成就人的引领带动作用，主动为职工搭建特色成长平台，并鼓励职工自创文化品牌，充分发挥职工能动性与创造力。

以职工文学协会为例，职工文学协会坚持“为职工抒写，为电网放歌”的工作导向，以小说创作、散文创作、诗歌创作、报告文学创作及其他体裁创作等五个工作组为基础，从各基层单位中选拔优秀的文学爱好者，吸纳为协会成员，做到“人尽其才，才尽其用”。主动对接天津市作家协会，签订战略合作协议，畅通互相学习与沟通的渠道，帮助职工文学骨干进行文学创作，为天津市作家协会老师和职工文学爱好者搭建了学习交流的平台。2022 年，与天津市作家协会联合举行师徒签约仪式，天津市作家协会资深作家与职工文学协会优秀成员签订师徒协议，并签订“责任书”，建立成长跟踪机制，充分带动职工文学协会成员成长进步，激励更多职工文学爱好者加入创作队伍。天津电力工会在天津市作家协会的引领带动下，自创“读书有益思”职工文化品牌，意为“开卷有益、大道行思、取则行远”；并连续三年在世界读书日来临之际与天津市作家协会共同组织开展“读书有益思”主题活动，已成为天津电力文化品牌活动之一。2021 年，“读书有益思”阅读品牌入围书香天津“优秀阅读品牌”的评选，切实在活动中将读书的意义根植于职工心中。

依托“读书有益思”文化品牌，将职工书屋命名为“益思书院”，衍生开展“益思课堂”、文创大赛等主题活动，不断丰富活动形式与内容，持续开展职工文学爱好者座谈、文学沙龙、写作培训、主题征文、图书编写集中创作等活动，创新应用有声朗读、印制有声书签，吸引了大量职工文学爱好者深度参与，激发了职工文学爱好者更大的创作热情。

将文学创作融入中心大局，引导全体职工关注时政热点事、天津电力重点事、职工身边事，开展优秀职工文学作品创作征集系列活动；组织文学协会会员深入重难点攻坚项目的施工现场等，开展工作采风创作活动，坚持创作出更多富有天津特色、符合文化发展规律、适应公司和职工发展需要、反映电力一线场景的“接地气”新时代电力职工文化作品，并取得了累累硕果。连年汇编并印发出版《海河潮》系列职工文萃，形成全年文学活动精品集，充分展示电力职工工作风采和创作水平。组织职工编写出版《榜样力量》，并在全国总工会召开“争做黎明式好职工”座谈暨图书发布会，图书生动讲述了天津市电力系统以时代楷模张黎明、全国劳动模范黄旭等为主人公的先进典型和以创新联盟、天津南特高压变电运维站等为代表的工人群体的感人故事，体现了天津电力以榜样的力量为引领，由个体先进向群体先进不断拓展升级。编写出版《使命·荣光——天津市“1001 工程”纪实》，以纪实的形式，通过翔实的资料、感人的故事，生动展现了天津电力建设者建设“1001 工程”的奋斗历程。

在创作反映天津建设、天津电力发展、职工奋斗的优秀文学作品基础上，鼓励职工创新文学表现形式。协会成员创作编排的实景舞台剧《一场有“益思”的古今对话》和《逐梦“双碳”绿色未来》成功展演，充分展示了天津电力职工文学爱好者的创作活力与创新能力，同时也启示了职工文学创作向舞台剧、相声、有声读物等衍生转化、“破圈”传播的方向。

“读书有益思”职工文化品牌的发光发亮与作用发挥仅仅是天津电力无数个璀璨职工文化建设创新发展的一隅。例如，职工书画（篆刻）协会，将“安全生产月”活动与安全文化建设相融合，将天津电力书画创作骨干创作的安全警示语书画、篆刻作品印制成折扇文创作品，先后送到杨柳青 220 千伏变电站电源线改造等 7 处施工现场，开展以“‘扇’解安全‘扇’待生命”为主题的安全文化进现场、进企业活动，送“文化清凉”到建设者手中，传播安全文化。

在习近平新时代中国特色社会主义思想的引领下，无数个闪闪发亮的职工文化品牌与创新做法，数不清的各具特色的职工文化活动共同形成了天津电力熠熠生辉的职工文化建设新局面，为提升职工生活品质刷出新“亮”点，为天津电力职工点亮了一盏盏“心”灯。

（二）健身悦心工程

职工健康是保障企业开展生产活动、正常运

转的前提，提供职工健康服务是保证职工身心健康、顺利开展工作的基石。健康不仅是身体健康，还是心理健康、社会适应良好和有道德。因此，健康服务的核心在于明确健康对于职工幸福的根本意义。天津电力工会通过“阵地建设成体系、协会活动具特色、健康服务循科学”三大身体健康管理路径与“立体预测、多维预防、全面舒缓、持续关怀”四维心理健康管理模式，开展健身悦心工程，构建了科学的职工身心健康关爱体系。

1. 三大路径全面护航职工身体健康。

（1）阵地建设成体系，建设职工健康家园。天津电力 2023 年“学习二十大 奋进新征程”气排球联赛落下帷幕，这也是天津电力气排球训练基地第一次正式投入使用。来自 18 家单位的近 200 名气排球队员参加了此次气排球联赛。

近年来，天津电力工会将改善职工文体活动场所作为重点工作，通过“1+N”模式建成以公司级职工活动中心为核心，多级辐射带动的健康家园矩阵。通过陆续下拨专项资金，支持基层一线站所增添健身器械等活动设施，并向偏远地区的班组倾斜，健身场所实现班组全覆盖。

（2）协会活动具特色，丰富职工健康生活。为提升职工健康素养水平，组织开展急救知识实操培训，邀请红十字会资深培训师现场讲解急救知识，并进行现场教学与演练，引导职工学习掌握自救互救知识技能，并确保职工逐一完成现场实操考核，为生命安全添加了一道强有力的保险。举办关注心脑血管病等常见多发病症的相关主题讲座，开展健康漫画创作征集活动，以通俗易懂的形式讲解健康知识，倡导积极健康生活方式。开展全员体质监测活动，帮助职工及时了解身体状态，为健康“把脉”。结合全民健身月活动，组织开展骑行、马拉松、篮球、足球、气排球、台球、羽毛球比赛等活动，长期推广工间操、健步走活动，真正在职工中形成全民健身氛围。

（3）健康服务循科学，打造职工健康生态。由于健康水平、健康理念、生活方式、社会交往都存在明显个体化差异，因此无论健康体检、心理辅导还是健康促进都应提供个性化的解决方案，需要细心地关注每位职工的切身感受。

为让职工更好地了解和掌握自身健康状况，做到无病早预防，有病早发现、早诊断、早治疗，天津电力健康服务中心进一步改善职工体检方案，提升职工重大疾病预防能力。针对多发病、慢性病开展咨询、讲座、现场巡诊等线上线下服务，并购置CT设备和配备AED除颤仪。以专题健康指导、座谈、线上问诊等多种方式向职工宣传基础医疗知识，整体增强职工医疗健康意识。举办“关注职工需求，关爱职工健康”主题座谈，充分了解征集职工在巡诊服务内容方面的意见和建议，结合实际需求和困难，在固有检查项目的基础上增加服务内容。定向邀请医疗专家到天津电力进行专题健康指导，针对职工发现的健康问题，开展健康咨询、用药指导等活动或通过家庭随访的方式进行跟踪，保证随访对象得到有效、及时的治疗；做好职工基础信息和巡诊情况的记录，并归入职工健康档案。为保障巡诊质量，定期跟踪出诊医疗专家的动态信息，并根据实际情况及时调整；及时征求职工反馈服务信息，获取已接受服务人员对推荐专家的医疗服务质量的反馈资料和评价意见，将其作为能否继续提供服务的重要考核依据。

2. 四维管理模式全面关爱职工心理健康。

“十四五”以来，“碳达峰、碳中和”目标倒逼能源加快转型，电力企业扛起了促转型助“双碳”的使命责任。天津电力在推动“双碳”战略目标落地的实现过程中，职工面临更大的挑战。关注职工心理健康，使职工正确认识社会和自我，进而正确处理个人与社会的关系，对于维护社会稳定、保障企业发展、提升个人幸福感等方面具有重要意义。

在准确把握新形势、新要求的基础上，坚持以职工为中心，关注每位职工的心理健康发展，以“完善机制、整合资源、打造品牌”为路径，着力构建“立体预测、多维预防、全面舒缓、持续关怀”的四维职工心理健康管理模式，以职工乐于接受的方式掌握科学的数据，积极探索职工压力来源和解决办法，有针对性地开展专业的心理讲座和暖心活动，为每位职工提供专业可信赖的个性化心理专家咨询、心理系统训练等服务，帮助职工面对压力，及时排解消极情绪，以系统完整的体系服务职工心理健康。

（1）立体预测，开展“阳光护航”全员心理测评活动。与专业心理咨询机构合作，结合电力行业特点设计符合本单位职工情况的心理压力测试问卷，形成公司级和部门级职工心理状况分析报告，全面了解职工心理状态及潜在压力，为后续有针对性开展心理辅导提供数据支撑。同时，通过谈心走访、线上问卷、“公司领导接待日”等多种形式开展职工思想动态调研，经常性、及时性、持续性了解职工队伍心理动态、思想状况和行为趋向。

探索交互心理压力测试系统。传统问卷形式的心理压力测试具有专业性和科学性，但是容易让职工感觉枯燥乏味和产生顾虑情绪。持续探索具有专业性、趣味性的交互式心理压力测试系统，利用虚拟现实技术在心理压力测试方面的应用，让职工在沉浸式体验中完成心理压力测试，展现更接近日常的个体状态，得到更为科学和客观的测评数据。

（2）多维预防，以“暖心工程”为依托，平衡职工工作和生活。聚焦职工关注度较高及多元多变的需求，在生活服务、健康服务等方面实施多项特色举措，精准开展“暖心工程”工作，最大限度缓解职工所面临的生活压力。特殊时期，慰问一线保电人员和身在疫情封控区、管控区和防范区的工作人员及家属，帮助职工在工作和家庭之间寻求更好的平衡，预防家庭矛盾所引起的职工心理压力。

开展内容广泛的专题讲座。在专题讲座的开展上，注重理论与实际相结合，举办“压力情绪管理”身心调理讲座，邀请心理专家引导职工重新审视身心状态，传达心理健康知识，正确认识压力与情绪的关系；举办“慧眼识人－性格色彩分析”讲座，指导职工按照颜色分类认识自己、认识他人，达到与他人良好沟通的目的。开展“拥有阳光心态 交出满意答卷”中高考应试心理辅导、“‘疫’路有爱 心向阳光”心理关爱等活动，从专业的角度让职工了解压力产生的原因、情绪疏导的方法。

（3）全面舒缓，以功能健全的职工之家为平台，丰富职工生活。组织开展趣味运动会、国学茶艺讲座、书法等各类职工喜闻乐见的文体活动，提升职工品位，促进职工保持阳光健康的心态。充分利用“津电之家”及各基层单位微信公众号，开展“心理知识小课堂”活动，为职工普及心理健康相关知识，加强职工自我保护意识，提高职工心理健康水平。充分利用职工心理援助工作室所配备的心理沙盘及音乐理疗仪，帮助职工在轻松和谐的环境下调节不良心理状态。职工还可通过专业音乐理疗椅改善情绪，振奋精神。

通过一对一咨询疏导职工心理压力。针对职工在生活工作中遇到困难、挫折、失败等会产生负面情绪的情况，天津电力开通了电话、网络等线上心理咨询渠道，时刻疏导职工心理压力，并在每周四开展“一对一”线下心理辅导，为职工提供专业的、私密的咨询服务，保障职工的心理问题得到有效、有针对性的缓解。

探索建立心理健康辅导员队伍，发挥好职工身边“娘家人”作用。成立以工会干部为骨干的心理健康辅导员队伍，常态化开展“五三三”关爱帮扶活动，及时帮助职工减少消极思想，增加正面反馈。同时对兼职的心理健康辅导员队伍进行系统和科学的培训，提升队伍的专业水平，为职工寻求身边的心理疏导、安慰和支持创造便捷有利的条件。

分年龄、分类别建立职工心理档案，做阳光心理指数评估，对重点关注人群开展详尽的建档工作；组织有针对性的阳光心态宣讲，引导职工认识阳光心态的重要性，并开展自我挑战或团队合作的活动项目，释放工作压力。

（4）持续关怀，以专业心理辅导为基调，守护职工心理健康。馨雨小屋自 2014 年 3 月起连续 10 年聘请专业国家二级心理咨询师为职工开展心理咨询服务，辅以沙盘、卡牌等专业设备工具进行职工心理疗愈。经过 10 年探索，总结出了不同年龄层次的心理表现与共性问题，并分层次进行针对性辅导与主题讲座。

为挖掘职工情绪波动背后的深层次问题，将职工心理咨询服务延伸至职工家庭，特为职工亲属开放心理咨询通道，针对婚姻关系、亲子关系等特别开设"良好的亲子关系从'心'出发"等系列讲座。疫情防控期间，为帮助职工排解压力、疏导情绪、共待花开，特别开通线上心理咨询服务热线，广泛服务职工。

通过构建"立体预测、多维预防、全面舒

缓、持续关怀”的职工心理健康管理模式，建立了一套适应天津电力发展，以心理测评数据为基础，包括心理监测与预警、健康促进与成长、危机干预与康复等内容的职工心理保障机制和职工心理服务体系，实现了由“心理”到“心里”的跨越；成功架起了一道职工与自己、职工与管理者、天津电力与职工之间沟通交流的桥梁，面对面交流、心贴心沟通、实打实服务，不仅解决了职工潜在工作和生活的问题，推进了基层民主，而且释放了天津电力发展的正能量。目前，天津电力职工的心理健康状态普遍优良，对单位的认同度高。

通过实施健身悦心工程，全面提升了职工健康素养和身心健康水平，促进了职工以更加健康的体魄、更加饱满的热情、更加乐观的心态和更加进取的精神，为天津电力高质量发展凝聚力量，实现了天津电力与人的健康协调发展。

二、以人文关怀为核心

（一）关心关爱工程

天津电力工会健全完善困难帮扶、送温暖慰

问、互助保障相互衔接、层次清晰、各有侧重的梯度帮扶体系，对困难职工精准施策。聚焦一线职工、青年职工、女职工、退休职工这四大人群，完善常态化关爱机制，深入调研各人群特定需求，精准化推进实施关心关爱工程。

1. 关心关爱一线职工。

一线职工是天津电力的生力军，更是主力军，天津电力以“常态化 + 精准化”着力推进一线职工的关爱服务工作，在文化生活、异地职工关爱、一线职工慰问等方面开展关爱服务活动。

（1）常态化慰问暖人心。每年常态化开展一线慰问活动，开展“冬送温暖、夏送清凉”慰问活动。在春节、迎峰度夏保电以及重大活动保电等时点，由天津电力领导带队深入基层一线进行慰问，传递温暖、鼓舞士气。2019 年至 2023 年，天津电力开展常态慰问、疫情防控和防汛保电慰问班组 800 余个，现场 500 余个，职工 2 万余人次。特别是在疫情防控期间，针对驻守岗位职工、“三区”职工、留津过年外地单身职工及困难职工，开展精准帮扶、心理讲座、健康指导等多种形式的关心关爱活动，让职工切实感受到组织温暖。

（2）精准化慰问搭桥梁。随着异地一线职工人数不断增加，加大对异地一线职工群体及家庭的关心关爱，日渐成为各级工会的重要职责。国网天津武清公司从组织体系建设、服务对象确定、管理思维创新、工作举措实施四个方面不断探索，持续提升异地一线职工的幸福指数。按照“调研调动、先行先试、专业专注、有力有效”的原则，在充分调研、精准掌握职工需求的基础上，以项目式管理模式，紧紧抓住项目管理的“动态调整”和“推广应用”两个关键阶段，区分重点、稳步推进精准关爱措施落地。

深入职工宿舍开展“恳谈会”，就异地一线职工住宿条件进行交流，听取意见建议，完善优化相关设施，如完善保温措施和生活用水方式，打造阳光住房，结合职工需求增设洗衣房及室内独立卫生间，提高职工住宿品质。时刻关心异地一线职工的需求，以解决职工困难为导向，对异地一线职工情况进行科学分类、建库立档，梳理形成“外地单身、已婚两地分居、已婚双方父母在异地”帮扶档案，精准帮扶关爱异地职工家庭所急所难。

（3）多样化慰问送关怀。为及时传递天津电力党委的关心关爱和工会“娘家人”的温暖至一线，天津电力工会持续开展“送文化到基层”慰问系列活动，为基层班组、一线工作现场送去关于党史学习教育，企业文化，电网建设、输变配专业知识，经典文学及生活健康等图书，满足基层职工的不同需求，形成“人人爱读书，时时在读书”的良好氛围。开展“喜迎二十大 永远跟党走”主题文艺慰问活动，充分发挥天津电力职工文艺骨干示范带动作用，以舞蹈、歌曲、相声、快板、朗诵等形式向一线职工赠送精彩纷呈的文艺作品。天津电力工会向一线工作人员赠送了“流动书箱”，为在高温天气下作业的职工缓解工作压力，将组织的关心关爱送到一线职工心中。

2. 关心关爱青年职工。

近年来，新入职的青年职工人数不断增加，35岁以下青年职工近4000人，占总人数约40%。其中，异地来津青年不断增多，事关单身青年、外地青年的衣食住行、职业发展与生产生活的各项问题也成了工会聚焦的问题，天津电力工会以“四力”创新服务模式，从青年活动、住宿条件、婚恋交友、青年发展等方面入手，不断探索对青年职工的关心关爱机制，提升青年职工的生活品质。

（1）努力创新多样化服务模式，网格化精准服务异地青年。在建立异地青年职工信息台账的基础上，进行网格划分，并为每位异地青年职工明确网格员，做好精准服务。通过全方位、网格化的服务，做好异地青年职工的权益保障，纵向以工会小组为最小网格，横向以同届入职职工为最小网格，工会小组长和同届入职班长任网格员，全方位做好服务工作，确保了解每一名异地青年职工的需求，做好异地青年职工的贴心人、“娘家人”。在传统节日来临之际，通过“寄情到家”的形式，解决异地青年职工节日慰问品存储问题；中秋节为新入职职工送上慰问包和带有天津特色地标的纪念书签，开展“喜迎二十大 同心颂党恩”主题活动，组织异地单身职工包月饼，唠家常，在轻松愉快的氛围中感受传统文化和天津电力大家庭的温暖。为新入职青年职工设计制作萌新手册、萌新图鉴，帮助新入职青年职工快速熟悉工作环境，转变角色。开展“四个一”活动，致一封欢迎信、送一份伴手礼、发一张服务卡、组织一场见面会，通过这样的入职仪式，为新入职青年职工开启美好的职业生涯。

（2）着力打造安全温馨单身公寓。提升硬件设施，对公寓内现有房间进行整合，设立集中储物间和晾衣间，重新布置了网线，提升网速。更新洗漱间洗手盆、热水器、净水设备等，全面提升异地职工住宿品质；完善入住公约，疫情防控期间，对进出公寓、收发快递及外卖的注意事项进一步规范，确保单身职工人身安全。

走访单身公寓，对留津过年的单身职工深入慰问，做好关心关爱工作。工会、团委、后勤联合行动，通过送“年夜饭”、开放本单位文化阵地等方式，丰富留津单身职工的节日生活，同时为了确保春节假期间职工的安全，天津电力为单身宿舍职工提供了订餐和送餐服务，有效解决了单身职工放假期间的就餐问题。天津电力在网站、官方微信、微博等媒体上，广泛报道天津电力及基层单位开展慰问活动的信息，营造天津电力服务一线、关爱职工的良好氛围，充分展示天津电力优化提升职工服务体系建设的经验成果。

（3）致力树立现代交友新风尚。为弘扬健康文明的婚恋观、家庭观，引导广大单身职工树立现代交友新风尚，天津电力建立职工红娘协会。连续多年在传统节日“七夕节”组织系统内外的单身职工开展“浪漫七夕 电力情缘”交友联谊，此项活动也是红娘协会的品牌活动，受到了职工的广泛认可和好评。在原有活动的基础上，结合单身职工信息库的信息，红娘协会创新形式，以“非诚勿扰”（女选男）的形式组织活动，同时通过“8 分钟约谈”、自由约会等形式增加交流机会，提高牵手成功率。2021 年首次开展“相约百年华诞 相守幸福一生”单身职工交友联谊活动暨首届集体婚礼，邀请单身职工参与交友活动并现场观礼。通过举办温馨、浪漫的集体婚礼，以实际行动践行新时代崇德尚俭的婚礼新风尚。“红娘品牌”不仅停留在组织活动上，更是不断深入单身青年生活中，分享温情故事，开展婚恋讲座，引导树立健康婚恋观。

（4）致力提升精神素养。广泛关注职工精神需求，强化青年职工的思想引领。组织开展"喜迎二十大 奋斗正青春 重走五四路"活动，循着五四运动在天津播撒下的革命火种踪迹，一同重走"五四"红色之路，感受一代代青年人的英勇与奉献，提升青年精神素养，激发干事创业的热情。结合当前形势任务，组织开展"碳路先锋 绿色发展"知识竞赛，促进职工合理利用"八小时外"的时间，主动学习"双碳"知识，引导青年成为"双碳"工作的主力军。开展"追寻红色坐标 传承先辈精神"主题活动，参观中共西北乡农民支部旧址和安幸生烈士故居，使青年在红色文化洗礼中汲取奋进力量。面向已婚青年职工开展"走进田园"亲子活动，建立和谐亲子关系，提升职工的幸福感。疫情防控期间特别开展新春慰问外地单身职工留津过年系列活动，将关爱落于实处，激发青年职工的归属感。

3. 关心关爱女职工。

天津电力工会始终坚持为广大女职工服务，围绕"发展、关爱、服务"三大工作主线，切实将关心关爱女职工工作落于实处。

（1）聚焦女职工发展，多角度发挥巾帼建

功作用。强化素质提升，组织开展职业技能培训、个人素质提升讲座等多元化培训，搭建技能比武、职工创新、劳动竞赛等各类平台，全面提升女职工的职业技能和个人素质。三年来，在一系列岗位建功实践中，74 名女职工光荣加入中国共产党；886 名女职工的职业技能等级得到提升，超过 1/3（1113 人，占 3127 名女职工的 35.6%）的女职工职称获得晋升；20 名女干部得到天津电力党委的提拔和重用，99 名女干部得到提拔，女职工充分获得了平等发展的机会。6 家女职工领衔的创新工作室持续发挥阵地引领作用，16 名女职工领衔的创新项目在各类评比中斩获荣誉。

强化典型引路，以“巾帼建功”评选为载体，大力选树先进典型，展现巾帼风采。三年来，选树单位级“巾帼建功”标兵及个人 88 名，6 名女职工获评国网“巾帼建功”标兵，女职工先进队伍不断壮大。依托“书香国网”、“津电之家”等平台大力宣传女性先进典型，掀起学习先进、看齐先进的热潮。近年来，天津电力多名女职工先后获评中央企业、天津市劳动模范，“天津市三八红旗手"，天津市巾帼文明先进个人，"最美电网一线女工"，"天津好人"等荣誉称号；有8个集体先后荣获全国巾帼文明岗、天津市三八红旗集体、天津市巾帼文明岗。

（2）聚焦关爱女职工，多举措开展系列特色活动。抓实组织建设，成立女职工协会，实行"1+1+N"运行模式，天津电力工会整体策划、天津电力党校统筹协调、多单位联动、多协会支持、全单位动员参与。着力打造灵活立体宣教平台、共生共荣生态氛围、丰富多彩创新载体。定期组织女职工开展文化乐享类、运动乐活类、生活乐助类、风采乐秀类、成果乐展类等五类活动，为天津电力广大女职工提供文学艺术、运动健身、生活社交、形象提升、兴趣手工等方面的学习、展示平台。

发挥工会帮扶作用，做好女职工帮困送温暖工作，三年来结合"三必贺、四必访"，慰问女职工约4000人次。

引导家风培育，"注重家庭、注重家教、注重家风"，围绕婚恋家庭、亲子教育开展专题讲座，举办"筑梦高考"、"崇德尚俭新风尚"等活动，评选“最美家庭”30个。

（3）聚焦服务女职工，全方位打造专属服务阵地。女职工在孕期、哺乳期等时期有其特殊需求，对在工作期间如何做好私密休息、婴儿抚育格外关注。近年来，在企业内部建设“爱心妈咪之家”，为广大孕期、哺乳期女职工解决上班期间休息难、哺乳难的实际困难，在试点建设中，国网天津城南公司充分了解女职工需求，并到系统外调研，深入学习；建立“基层提出申请—工会专人受理—现场勘查选址—厂家设计施工—验收使用反馈”的建设管理流程；建立“标识统一鲜明、空间相对独立、风格轻松温馨、配置应有尽有”的建设标准和“有专人负责、有使用记录、有档案资料、有运维台账”的“四有”管理办法，形成了从审批、建设使用到改进提升的全过程指导办法；在深化试点任务中，不断丰富内涵、拓展功能，实现“爱心妈咪之家”在有女职工需求的办公场所全覆盖，为广大女职工打造了温馨之家。在硬件方面的建设标准上，要求室内面积不小于10平方米，同时采光充足、通风良好、方位僻静。确保沙发或床有其一，桌椅齐全，配有具备冷藏和冷冻功能的冰箱、具备加热功能的饮水机以及微波炉、消毒柜、储物柜等设施，安装电视供女职工观看，并在屋内设有多处电源插座供女职工使用。

依托“爱心妈咪之家”拓展服务保障功能，进一步打造女职工诉求服务、情感交流沟通、备孕育婴经验分享以及三八妇女节、母亲节等重要节日活动的专属阵地。定期开设产前准备、产后恢复、女性权益保护、心理疏导、亲子教育等知识讲座、咨询服务活动，使“爱心妈咪之家”功能更加全面、体验更加舒适，让女职工真切感受到工会“娘家人”的呵护关爱。

设备齐全、温馨温暖的“爱心妈咪之家”在基层中共有 29 个，仅 2022 年就全面服务 615 名备孕、孕期和哺乳期女职工，有效解决了特殊时期女职工的“后顾之忧”。依托“爱心妈咪之家”阵地，开展以女职工为中心的心理健康、身体保健等培训，打造关爱女性身心健康的“温馨港湾”。

4. 关心关爱退休职工。

天津电力工会始终高度重视退休职工的关心

关爱工作，全心全意为退休职工办好事、办实事。以国网天津城东公司创新的“五心五有”模式为例，主动服务对接退休职工需求，成功落实了退休职工关心关爱试点工作。

（1）践行文化润心，政治建设有抓手。以政治建设为统领，引导退休职工珍惜光荣历史、永葆政治本色，自觉在思想上、政治上、行动上与党中央同频共振、同步前行。精心组织退休职工深入学习贯彻习近平新时代中国特色社会主义思想，组织退休党员学习《习近平谈治国理政》等政治理论，对于行动不便的退休职工送书到家，帮助其常学常新；鼓励退休职工进行书法绘画创作，浸润心灵；组织退休职工开展太极拳等体育运动，强身健体。

（2）创新机制暖心，荣休退有归属。增强荣休仪式感，以分会为单位为即将退休职工开展“举办一个小仪式、送上一封感谢信、赠送一份纪念品、送上一张服务卡”的“四个一”暖心活动，建立真诚、真切、真心的情感纽带，使离退休职工真实感受到“人走茶不凉”，真正把职工“记一辈子的事儿”办实办好。创新设计制作退休纪念徽章，感谢退休职工多年来的敬业坚守与无私奉献，鼓励退休职工继续发扬“坚持、坚韧、坚守”的精神风貌和优良作风，让即将退休的职工充分感受到温暖和关爱，增强职工的荣誉感、幸福感和归属感。

（3）坚持管理用心，双重关爱有温度。有序推进退休人员社会化管理移交工作，加强与各区政府、社区联络，同时建立常态化移交机制，确保新退休职工“随退随交”。继续履行政治责任和社会责任，积极推动管理服务全面融合，协助街道社区落实好老同志的各类社会保障待遇，共同做好活动联办、走访慰问、困难帮扶、作用发挥等关心关爱老同志工作，通过企业和社区“双服务、双关爱”，及时把天津电力党委的关心关爱传递给老同志，保障天津电力退休队伍的和谐稳定。

（4）深入服务贴心，精准帮扶有力度。借助天津电力线上智能化系统平台，及时录入并定期维护更新退休职工信息，使重要通知能够及时发送至退休职工手机。在过往的疫情防控期间，以信息化手段更为高效地帮助退休职工及时了解疫情防控相关知识并缓解紧张焦虑情绪，引导退休职工做好防疫工作，动员14个分工会网格化落实联络责任并为有需求的退休职工及时送去生活食品和防疫物品，严谨细实地做好了防疫宣传与安抚疏导工作。对残疾、独居、高龄、大病的退休职工进行精准帮扶，及时听取其诉求并做好政策解读与对应帮扶工作。

（5）坚守岗位初心，发挥余热有成效。持续开展正能量活动，积极引导退休职工发挥政治智慧、工作经验、人生阅历优势，为天津电力改革发展建言献策、发声发力，为推动天津电力高质量发展贡献力量。鼓励和支持退休职工通过政策宣讲、志愿服务、邻里帮扶等方式，积极参与社区服务工作，继续发挥余热，为国家发展、社会进步、企业发展注入源源不断的正能量。

天津电力扎实推动关心关爱工程，为激励广大职工不忘初心再出发，牢记使命勇担当凝聚了合力、激发了活力、增添了动力，真正把关心关爱职工的各项举措落到实处。

（二）聚智聚力工程

伴随着新技术的发展和应用，数字化服务平

台成为服务载体的重要发展趋势，同时，职工需求日益多样化、个性化的趋势促使工会工作的细致度与精准度大幅提升。服务职工不再是天津电力工会单独能够完成的事项，需要汇聚天津电力内部资源与社会外部资源这两股力量，在改进服务职工模式、拓宽服务职工范围、拓展服务职工内涵这三个方面发力。构建线上线下结合的服务模式，以服务职工家庭为原点，覆盖职工生活中的“急难愁盼”，做好全方位的职工服务工作。

1. 依托内部资源服务职工。

职工服务工作需打破以往传统的线下服务载体、聚焦满足职工在8小时工作时间内所需所想的工作方式。深化利用天津电力内部资源，涵盖职工各方面需求，以线上线下融合的职工服务模式，打造职工生活关爱智能化平台。

（1）构建线上宣传阵地。充分利用“津电之家”、“津电心服务”等微信公众号等新媒体平台，打造全方位、立体的网上工会宣传阵地，涵盖职工课堂、职工文化、职工活动、职工关爱等方面的宣传工作，积极开放自有运营后台，实现信息资源的一键发布，为职工提供学习、技能提升的良好氛围，从而互动互推，形成矩阵效应，实现资源共享、共同发声，传递引导舆论的强大正能量。通过内部信息交流平台、即时通信工具加强工会与职工的互动和沟通，及时了解职工的意见和诉求，促进工会与职工之间的信任和情感联系。

（2）构建一体化职工生活阵地。职工需求从过去的物质需求转向了物质需求与精神需求并重的局面，为了不断丰富职工的精神生活，天津电力充分应用内部开发的“书香国网”App线上平台，将各公司线下的职工书屋与“书香国网”线上平台结合起来，打造集职工阅读、创作、交流分享等多功能于一体的文化生活阵地。充分发挥“津电之家”微信公众号等线上宣传阵地的作用，在全体职工范围内广泛宣传“书香国网”App的下载与使用方法，并在文学协会内配备数字阅读一体机，鼓励职工利用工余时间阅读最新的杂志、报纸等，同时方便职工随时翻查时政信息及各类电子书籍，使职工能够随时随地“悦”享读书乐趣，形成“人人爱读书，时时在读书”的良好氛围。根据二十四节气的时间，在每个节气当天，通过“彩虹明灯”微信公众号平台推荐节气的文化习俗知识和美食制作方法。提高职工对传统文化的重视程度，养成健康饮食的习惯，并丰富职工烹饪技巧，营造职工家庭和睦、心情愉快的生活氛围。

（3）构建单身职工关爱阵地。充分利用“津电之家”微信公众号积极推广国家电网的“爱予电”婚恋 App，助力单身职工解决婚恋问题，并结合线下，与外部单位沟通交流，常态化组织单身职工参加天津市总工会、天津市妇联、优秀企事业单位开展的单身交友联谊活动。天津电力工会联合天津市河北区团委通过线上视频直播交流的方式开展线上交友联谊活动，互动人数达百人。

2. 协同外部资源服务职工。

丰富服务职工供给资源工作要求，与社会机构、公益慈善多方合作，建立合作共享的机制，满足衣食住行等基本需求，并开设家政服务、养老托育、商品优惠等项目，精准对接职工生活产品和服务需求，充分保证资源供给的丰富性，优化服务从满足职工个人需求拓宽至职工家庭，有效地加强了职工的获得感。

（1）引入外部资源落实职工福利保障。在职工福利保障方面，积极落实国家电网“守望相助”计划，以公司互助会为基础，通过天津市总工会开展的职工救助保障政策，对生病住院职工，根据病情，按照500元和2000元两档的标准进行慰问。在此基础上，公司工会加大关爱力度，明确对天津市总工会的重病关爱资金实行1∶1配比制。足额为全体职工投保天津市工会持卡会员专享救助保障，切实帮助职工减轻了家庭经济负担。

精准发放职工福利相较于传统发放指定职工福利，组织难度主要集中在三点：一是建立丰富的职工福利产品库，二是尽可能减少职工自选产品的数据统计人工量，三是保证产品供应的及时性和便捷性。引入互联网电商平台等社会化供应链资源则是解决难点的最优实现路径，通过天津市总工会“知工”等互联网电商平台，免费开通职工福利专属界面，定制工会福利商品类目及套餐。在发放职工福利的工作中，认真倾听职工心声，充分调研职工福利商品需求，找准职工多元化的需求，着力解决职工最关心、最现实的问题，精准定制工会福利商品类目及套餐。以更灵活的服务形式动态调整优惠内容，提供了更多元化的消费选择，建立了更加完备的职工服务体系。

（2）依托专家智库助力职工子女成长。以深化“职工家庭”关爱服务为目标，以服务职工子女助学服务为切入点，构建已育职工的美好生活服务体系。在全面调研职工需求的基础上，天津电力通过工会搭桥、联创共建、多方合作的方式，面向社会招募合作智库单位，在对有合作意向的社会组织资质审查的基础上，进行评审，最终确定合作单位，并针对不同年龄段的职工子女探索差异化服务模式。

针对低幼职工子女，开展各项亲子活动。一是注重红色传承。开展“童心向党 红色六一”毛泽东诗词云朗诵主题活动，引导职工子女爱党、爱国、爱社会主义，从小听党话、感党恩；开展“我心向党 共同成长”、“大手拉小手 永远跟党走”亲子运动会等活动。通过丰富多彩、寓教于乐的活动形式，增强职工子女爱党爱国信念，营造职工、家庭、企业和谐氛围。组织“传承红色基因 童心童行共成长”线上亲子活动，鼓励职工带领孩子一起绘制党史相关书画作品，参观红色基地，讲述红色故事。二是注重寓教于乐。开展“碳寻成长、绿动未来”欢庆六一亲子活动，带领职工子女参观劳模创新工作室，由职工为子女亲自讲授一堂生动的“双碳”思政课，引导职工子女培养低碳意识。

针对小学年龄段的职工子女，通过走访调研多个外部机构，引入社会资源开展“火焰蓝”主题暑期夏令营活动。在夏令营期间，组织职工子女参观消防体验馆，学习火灾预防与逃生技巧，增强了孩子们的安全意识。同时开展多项趣味性活动游戏，提升孩子的身体素质，提高孩子们的沟通能力、成员间的默契程度和团队协作能力。

针对初中年龄段的职工子女，积极引进社会资源，组织开展适龄职工子女假期体能训练营活动，帮助职工子女筑牢体能基础，打造强健的身体，提升职工子女中考体育测试成绩，为职工消除后顾之忧。承接的基层工会负责提供课程设置、膳食计划、场地和设备安装维护、运营工作、人员支撑等服务，并共同商定项目实施方案，聘请教学经验丰富的专业体能训练团队进行教学指导，涵盖理论学习、体能测试、球类专项训练和体能素质提升四大板块。假期体能训练营共有近 200 名职工子女参加，平均每个学员训练时间长达 20 小时，达到了锻炼身体机能，增强身体素质的目的。

针对高中年龄段的职工子女，开展高考分享会。聘请经验丰富的教师开展高考政策解读，同时邀请专业心理咨询师对职工子女进行现场心理疏导，缓解心理压力。天津电力连续几年举办高考分享会，累计约 270 人参加，形成了具有电力特色的“筑梦高考品牌”。

（3）招募专业机构丰富职工“医”食住行。“医”食住行是职工需要解决的最基本问题，公司工会以此为原点，通过招募引入社会资源提供优质服务，打通服务职工的“最后一公里”。在医疗服务方面，通过引入天津市医科大学总医院、天津医院、天津市肿瘤医院、天津市中医药健康养生研究院、天津医科大学朱宪彝纪念医院等优质医疗健康资源，以专题健康指导、体检报告分析、药理常识指引、座谈、线上问诊、现场坐诊等多种方式为职工进行健康指导，通过现场诊疗、穴位按摩等帮助职工放松身心，把优质、便捷的健康服务带到职工身边。

在餐饮服务方面，与部分餐饮企业合作施行优惠政策，提供团购优惠互动、发放打折券等优惠活动，丰富餐饮资源供给。在交通出行服务方面，通过招募引入英大人寿保险等优秀的社会资源，向职工提供优惠的车险服务、车辆维修优惠服务、车辆安全检测优惠服务等服务活动。

在解决职工基本需求的基础上，积极探索开展职工家庭家政服务、养老帮办服务，积极联系拓展社会家政服务资源合作，共同构建多方交互、集群联动的服务职工工作机制。一是建立了合作机制，整理完成《电力职工与“社会化家政服务平台”内部对接服务流程》，具备了面向全体职工提供优质、便捷、实惠的家政服务的基本条件。二是建立了信息台账，针对职工家庭养老需求，积极梳理高品质的养老院、家庭护理等方面的社会专业机构信息，通过整合社会医疗、康养、家政等优质资源，深度运用互联网、人工智能等高新技术，集合形成信息台账，推动实现足不出户即可获得居家监护、长期照护等专业化的机构养老服务。

天津电力工会以聚智聚力工程为抓手，在实现工会基础管理数字化、服务职工便捷化、资源利用最大化上持续下功夫，在服务方式上由线下向线下与线上相结合拓展，在服务聚焦上从职工8小时工作向24小时生活外延，在服务对象上由职工个人向职工家庭辐射，形成新思路、新方法与新突破，确保职工生活品质持续提升。

三、以权益保障为根本

（一）建功建家工程

良好的生产生活环境是企业形象和文化的体现，舒适的生产生活环境可以创造愉快的工作氛围，促进职工之间的和谐关系，有效地提升工作效率。天津电力工会通过深入开展“五小”供电所、职工文体中心建设，优化智慧化运动场管理等工作，妥善解决了职工生产生活问题，营造了温馨如家的氛围，让基层职工舒心工作、快乐生活。

1. 因地制宜，打造职工家园。

天津电力工会深入贯彻国家电网工会“服务职工美好生活，为职工办实事”的工作要求，全面落实开展“五小”（小食堂，小浴室，小菜园，小活动室，小宿舍）供电所建设部署，结合公司和基层车间班组实际积极探索。持续加强职工文体中心建设和完善提升，进一步满足广大职工日益增长的文体活动需求，根据科学规划、自主建设、统筹使用原则，建设了职工文体活动基地，营造了温馨如家的氛围，让基层职工舒心工作，快乐生活。

（1）高质量建设职工文体活动基地。职工文体活动基地秉持“北京冬奥”环保理念，利用原有的两个废旧厂房改造而来，主要由篮球和足球两个场馆组成，总占地面积约1500平方米，是文体活动展示交流、竞赛训练的全新阵地。篮球馆内部设有篮球场、羽毛球场、乒乓球台，可举办篮球、羽毛球和乒乓球比赛等活动。此外，篮球场馆四周设置有展览轨道，还可举办书画及摄影展览展示活动，随时为参展人员展示优秀书画和摄影作品。足球场馆为5人制足球训练场馆，满足正式足球比赛场地的需求，场馆四周及顶部安装有设备防护网，场馆周围放置有简易运动器材和小型座椅，可根据需要举办职工趣味运动会、亲子交流等系列活动，满足职工文化和精神需求。

（2）由“五小”向“5+N”拓展，建设职工温馨之家。国网天津武清公司为基层食堂配齐硬件设施，改善用餐环境，并在此基础上开展绿色食堂建设，严格食品安全管理，保障职工饮食安全，提升职工用餐体验。同时完成了职工宿舍、淋浴室、洗衣房、晾衣间等硬件生活设施建设，让职工在干净卫生的环境中生活工作。实施“包产到班组”制度，把近300平方米的菜园平均分给四个班组，各班组划分责任田，自己制订种植计划，通过“自愿种植、相互评比”的方式，进一步提升职工的劳动积极性，随着更多职工的加入，2023年的菜园面积在2022年的基础上大了近一倍。同时，把参与小菜园劳动作为锻炼培养供电所内青年职工的重要内容，通过记工时的方式记录青年职工劳动参与度。小菜园的建设，既丰富了职工业余生活，锻炼了吃苦耐劳、团结协作的精神，又实现了所内绿色蔬菜的自给自足，让职工吃上了绿色菜、放心菜。在“五小”的建设基础上，进一步完善各项硬件设施，开展小健身房、小实训室建设。在供电所设有健身房，职工利用业余时间进行体育锻炼，业余活动持续丰富。

2. *智慧管理，激发职工活力*。

职工身体健康和心情愉悦是保障生产生活高效开展的基石，充足的运动场地和高效的组织服务是文化活动开展的基本保障。

（1）打造“智慧场馆”，保障职工体育运动环境。天津电力始终把职工健康放在所有工作的首位，深入开展文体活动阵地调研工作，积极解决健身器材老旧、数量少、周末场地利用率低等问题，以国网天津电科院作为试点开展优化升级体育活动阵地建设，提升阵地设施水平，让职工“舒心运动”，应用数字技术让职工“智慧运动”。

针对职工反馈的篮球场老旧、网球场利用率低、羽毛球馆地面弹性差等具体诉求，通过重新规划室外运动场地、优化室内设施、升级运动场所相关配套等举措，对室外运动场进行改造，建设全新篮球场和足球场，场地质量全面提升，职工运动条件大幅改善。联系专业健身馆设计公司对健身场馆进行改造提升，合理布局健身器材、增加健身器械，改善职工健身环境；从职工运动需求出发，为羽毛球场馆铺设专业龙骨结构地板，更新地胶、优化灯光等，提升球场专业化水平和使用体验。加强阵地配套建设，改善浴室环境，切实做好为职工提供运动前、运动中、运动后全过程的场地环境优化升级。

基于职工晚间及周末对健身场馆的需求较高，为有效提高场地利用率，满足智慧预约需求，探索搭建场地预约共享平台，助力实现职工智慧运动。建立运动赛事发布功能。赛事组织人员可以通过平台创建运动赛事并发布，注册职工均可查看赛事并报名参加，同时相关组织人员可以维护记录，分析参赛职工信息、数据，便于后期职工兴趣小组开展文体活动。

（2）打造“绿色食堂”，保障职工饮食安全营养。民以食为天，食以安为先。天津电力组织各基层单位聚焦食堂设施设备进行升级改造，规范“四间两区”（更衣间、洗消间、操作间、面点间，取餐区、用餐区）建设，为建设绿色食堂积极创造条件。

国网天津武清公司对厨房和餐厅进行修缮，重新安装吊顶、灯具、护墙板，使得餐厅和厨房更加明亮和清洁，同时增加净水机和洗碗机等现代化设备，大幅提升工作效率和管控水平。国网天津三源公司先后升级农残检测机等专用机器，提高了食堂的工作质量和效率，在确保食品卫生安全、优化用餐环境的同时，满足了大型会议临时用餐的承载力需求。完善食堂管理制度，持续强化食品安全监督，加强源头管理和过程控制，强化食品卫生管理、食品采购管理，确保食品卫生安全。成立由基层单位后勤管理人员组成的食堂服务质量“把关小组”，要求每月定期形成《食堂食品卫生安全管理自查报告》，对发现的问题及时纠正，严格按照“绿色食堂”创建标准，把好职工食堂日常工作的每一道关口。

为了给职工提供便利服务，特别是在疫情防控期间满足职工健康饮食需求，国网天津滨海公司食堂创新推出成品售卖服务。食堂工作人员在菜单拟定阶段，认真调查职工的菜品需求，反复沟通确定菜单，研究推出酱制品、特色熟食菜品与主食三大类成品。食堂根据每日订购量采购新鲜食材，现做现卖，在确保食品安全的基础上做到色香味俱全，并且每周根据需求与季节变化持续更新菜单，定期更换菜品，满足职工不同时期需求，让职工感到贴心、暖心。

（3）打造“智慧后勤”，保障职工工作和生活便捷。国网天津城东公司深入落实国家电网、天津电力加快“智慧后勤”建设的工作部署，充分调研了解广大职工实际需求，尽力满足职工对工作期间优质服务的美好期待和向往，主动对接、先行先试，充分发挥党支部战斗堡垒作用，党员干部带头组织全体部门职工开展头脑风暴、创新攻关，围绕数据融合、管理集约、应用智能的建设方向，创新探索应用数字化、智能化技术，逐步推动后勤业务数字化转型，不断提升后勤服务保障能力和服务品质，让职工切实感受到服务内容的拓展、服务品质的提升。探索“智慧后勤”体系建设，让服务有依托。建设制度保障体系，编制“‘1+8’后勤专业制度汇编”从书，纲领性指导工作实践。出台《门禁管理“八严格”》、《后勤基建项目管理“八严禁”》、《食堂管理“八必须”“八不准”》、《疫情防控“八严格”》、《疫情防控工作职工问答指南》等，为“智慧后勤”建设提供较为健全的制度依据。一是建设数据支撑体系。以后勤专业领域大数据为支撑，通过“智慧楼宇”建筑能耗智能监测系统、城东安全保卫监控系统、公司统一车辆平台系统及三级防疫工作联络网等多渠道数据监测，构建起专业的“数据谷仓”，实时掌握后勤专业管理工作情况，为持续改善提升专业工作提供数据支撑。二是建设信息沟通体系。成立国网天津城东公司伙委会、车委会、环委会，定期征集广大职工对食堂餐饮、车辆管理、环境提升等各后勤服务领域意见建议；基于内网搭建领导班子、部门负责人、后勤专业联络员三级后勤工作信息联络网，与运检、营销、调控、建设等大专业形成良好互动，及时双向传递服务和反馈信息。三是打造“智慧后勤”、“一室三中心”，让服务有阵地。建立的创新工作室涵盖“服务之窗”、“数据谷仓”、“温馨家园”、“充电驿站”等多项功能，为职工提供改进专业管理、提升创新能力和服务品质的实训阵地。建立车辆运维中心，为各部门提供车辆调度、加油、保养、维修等保障服务。通过车辆运行指数分析、车辆主动安全管控体系数据反馈，及时调整车辆运力、掌握驾驶员状态。建立餐饮服务中心，负责随时收集广大职工意见建议，按照职工需求动态调整菜品供应，动态丰富调整"四季菜单"品种式样，为职工提供健康可口的一日三餐。因地制宜完善院区职工便利超市货架供给，结合职工的工作时间保障全时段服务供应。建立物资仓储中心，按照物品种类进行"彩虹分区"，以便捷、实用、智能为建设目标，探索研发手机在线审批配送式服务，为各部门提供各类办公必备用品、劳保用品及重点任务物资等保障，提高物品领用效率，最大限度地服务职工。

3. 优化载体，打造学习阵地。

维护职工精神文化权益，提高职工队伍素质，推进工人阶级知识化进程。天津电力推动建设 25 个职工书屋，总占地面积 2000 余平方米，藏书数量超过 11 万册，努力为职工成才成长提供终身学习的良好平台与环境。

国网天津城南公司按照全国工会职工书屋示范点评选标准要求，打造环境温馨舒适、富有文化内涵的职工书香家园。书屋总占地面积约 120 平方米，功能设施齐全，设置有管理服务区、图书收藏区、实体阅览区和电子阅览区四个功能区域。图书、报刊等阅读资源紧跟新时代，弘扬主旋律，品种丰富品位高。藏书 4200 余册，音像制品 100 余套，内容覆盖专业知识、岗位技能、思想理论、时事政治、经济管理、人文社科、生活科普、健康养生等各个方面。国网天津城南公司工会依托职工书屋完备的硬件设施和浓厚的文学氛围，充分发挥书屋在传播先进文化、汇聚文艺才智方面的引领作用，将书屋拓展升级成为职工文学创作基地和文化沙龙平台，开展劳模大讲堂、班组微讲堂、道德讲堂、读书分享会、健康文化讲座等主题鲜明、内容丰富、形式多样、广泛参与的职工性文化活动，激励职工多读书、读好书，到书籍中寻找破解工作难题的“金钥匙”，为推动天津电力高质量发展凝心聚力。国网天津城南公司职工书屋已先后荣获全国总工会、天津市总工会、国家电网工会“职工书屋示范点”称号，以及“全国工会职工书屋示范点”称号。

国网天津武清公司探索开展“分布式”主题书屋建设，充分利用公司的每个工作楼层打造文化连廊，分别突出党史党建、管理实践、自然科学、经济管理、社会科学、电力技能、历史哲学等多个主题。每层的书屋放置相关主题图书，同时兼具全品类图书。通过有分类的图书陈列、有主题的空间设计，为职工打造便捷、舒适的阅读空间，营造书香与现代艺术结合的阅读氛围，体现“文化感、舒适感、时代感、智能性、互动性、交流性”的设计原则，同时兼具开展文化活动、提供信息服务等功能。通过书屋改造、书角优化、图书漂流、完善借阅制度等形式，积极倡导职工阅读，多种途径鼓励职工分享阅读心得、交流学习体会。书屋成了职工休闲时间的“加油站”和“小驿站”，在繁忙的工作之余鼓励职工分享阅读心得、交流学习体会，为生活增添了一抹色彩，极大地丰富了职工的精神文明生活。

天津电力深入推进建功建家工程，体现了工

会组织对职工的贴心关怀，推动服务职工阵地向高品质、多样化升级，为持续拓展工会在团结、教育、引领和服务职工等方面作用的发挥夯实基础。

（二）共治共享工程

职工离不开企业，企业更离不开职工，只有与职工“齐心协力”，企业才能真正为职工的幸福服务，职工才能依靠企业实现自我价值。天津电力工会立足主责主业，切实发挥工会组织优势，深化共治共享工程，立足职工政治意识提升、劳动条件改善、人文关怀加强等方面内容，切实建立规范有序、公正合理、互利共赢、和谐稳定的劳动关系。

1. 平等协商，规范签订集体合同。

劳动关系的和谐稳定要求劳动用工更加规范，创建和谐劳动关系工作的核心在于打通企业内部各层次之间的沟通渠道，将对抗性矛盾转化为非对抗性矛盾，最终形成真正互相理解的局面。实行平等协商和签订集体合同是建立健全职工代表大会制度的一项重要内容，有利于协调劳动关系，促进企业生产经营管理，落实全心全意依靠工人阶级的方针，更好地维护职工具体利益。天津电力积极践行依靠职工办企业理念，坚持“以人为本、依法构建、共建共享、改革创新”的工作原则，推动平等协商，规范签订集体劳动合同工作。

（1）规范协商修订集体合同。集体合同修订分两个阶段开展。第一阶段，预协商阶段。工会发出通知，组织人资、法律、后勤、安监等相关部室对照国家、天津市新出台的法律法规以及国家电网系统新的规章制度提出修订建议。工会组织召开预协商会议。由天津电力工会和人力资源部门分别牵头组织职工方和公司方代表进行协商确定，完成集体合同修订。第二阶段，正式协商阶段。组织召开正式协商会议。职工方代表由民主选举产生，首席代表由天津电力工会主席担任，公司方首席代表由天津电力党委书记、董事长亲自担任。经过双方充分讨论，最终确定集体合同的修订内容，形成年度集体合同（征求意见稿）。

（2）提交职代会讨论通过并签订、送审。职代会召开前，工会召开职代会代表团（组）长会议，将集体合同（征求意见稿）提交天津电力职工代表审议，并根据职工代表的意见建议对集体合同（征求意见稿）进行再次修订。职代会召开期间，职工代表讨论通过集体合同并作出决议，会上由天津电力董事长与工会主席签订集体合同。集体合同和工资专项集体协议由人力资源部门提交所在区行政许可中心及人力资源和社会保障局审查备案并取得备案编号。

（3）做好集体合同履约与监督检查工作。天津电力党委将集体合同的履行作为落实党的依靠方针、维护职工权益的企业内部“基本法”、促进企业和谐稳定发展的重要内容来抓，通过职工代表巡视检查、党风廉政检查等形式，确保合同条款全部落实，切实保障职工的休息权、健康权、发展权。

每年召开职代会前，人资、安监、后勤、工会等相关部门逐条对照合同条款，梳理合同落实情况，形成年度集体合同履行情况报告，提交职代会审议通过。天津电力所属各基层单位以天津电力集体合同条款为最低标准，开展集体协商，结合本单位实际，修订本单位集体合同，经职工代表审议通过后，在本单位职代会上由行政领导和工会主席签订。

通过平等协商，规范签订劳动合同。同时深入开展优化职工诉求服务、改善生产条件、保障职业安全健康、深化法律维权服务等行动举措，有效保障了职工的知情权、参与权、表达权和监督权，预防了劳动关系矛盾的发生，解决了职工最关心、最直接、最现实的利益问题，促进了企业的和谐稳定，为企业发展增添了活力。

2. 擦亮志愿服务品牌。

志愿服务是社会文明进步的重要标志，国家高度重视志愿服务工作，天津电力结合安全、绿色发展要求，积极探索志愿服务新工作模式，履行社会责任，落实志愿服务实践与机制建设，打造“大山里行走的‘红马甲’”等志愿服务品牌，充分彰显了央企在服务经济社会发展中的责任担当。

一是打造“大山里行走的‘红马甲’”。获得全国青年志愿服务大赛金奖的“大山里行走的‘红马甲’”青年志愿服务品牌，利用品牌效应与品牌影响力，不断凝聚群众、引导群众，以文化人，成风化俗，整合各种资源，创新方式方法，用中国特色社会主义文化和“奉献、友爱、互助、进步”的志愿服务理念占据了蓟州区广大村民的思想文化阵地。大力弘扬时代楷模、改革先锋精神和奉献精神，推进志愿服务工作成为国家电网“人民电业为人民”企业宗旨的重要实践，动员和激励职工与村民积极投身公益事业。国网天津蓟州公司开展安全用电、电价电费政策、新能源知识等宣传活动 130 余次，强化广大村民对电价电费政策和节能常识的了解；深入田间地头、农家院、煤改电客户家中开展安全用电检查活动 330 余次，有效保障了农业生产有序开展、农家院稳定经营、电采暖设备安全使用。公司与困难村民架起了“连心桥”，针对户厕照明问题，开展活动 115 次，根据实际情况共为 105 户困难家庭安装太阳能灯，为 904 户困难家庭安装节能灯，让农民用电更省心、更安心。公司同时开展种植、养殖等技术培训 65 次，对 15 名困难村民开展庭院养殖、苗木种植等产业扶持，为村集体争取订单，实现经济收入增加 48 万余元，15 户困难家庭户均增收 8000 元 / 年，有效地为山区村民拓宽产业销路。

二是开设电力“双碳”思政课。“双减”政策实施后，国网天津城东公司依托新时代文明实践基地，聚焦“双减”政策要求和“双碳”理念落地，将社会热点问题与新时代文明实践工作相结合，创新开设“双减”政策下的“双碳”思政课。组织天津市劳动模范田晓维与国网天津城东公司的志愿者走进华辰学校，聚焦“双碳”内涵、电力发展、智慧能源，通过动画模拟、互动实验、视频观看、“云上参观”等方式，为同学们带去生动的“双碳”思政课，使“双碳”理念的种子在同学们心中深深扎根，绿色低碳的美好画卷在同学们脑海中逐步描绘。项目已实施3年，现已覆盖30余所学校，在9000余名学生、200余个社区引起热烈反响。此项目获得中共青年志愿服务项目大赛银奖、天津市青年志愿服务项目大赛金奖，并被评为天津市“六个一批”优秀志愿服务项目，同时志愿者团队也获得优秀志愿服务团队荣誉称号，其服务事迹及工作经验先后在《中国青年报》、新华社、央广网、中国文明网、天津电视台、津云等各级媒体宣传报道，“双碳”云课堂在央广网直播频道播出。

3. 多维发力，做好调研工作。

为保证提升职工生活品质的工作成果，调研职工对于工会工作的满意度情况，天津电力采用定量和定性相结合的方法开展提升职工生活品质满意度调研。调研范围涉及天津电力下属的26个单位，调研内容包括生活条件改善、困难帮扶、福利待遇、健康服务、人文关怀、和谐劳动关系等六大方面，此次调研共收集6000条有效数据。根据调研情况，积极制定相关举措，聚焦绿色食堂饭菜的多样性和价格实惠性，同时在困难帮扶方面做到多方联动，积极开展职工文体活动并完善活动基地设施建设，加大医疗检测投入并优化补充医疗报销服务，为一线职工提供更多保障，从多平台和多维度全面加强工会建设，持续提升工作质效。

国网天津静海公司结合职工需求调研分析结果，依据公司职工特点，精准构建提升职工生活品质工作体系。公司开展需求调研的内容主要涵盖三个部分：一是基本情况调查，包括性别、年龄、最高学历、职称、婚育情况、政治面貌、职位序列、办公厂区等；二是职工美好生活调查，包括职工在个人生活、家庭生活、职工工作中最关心的问题，在对美好生活向往中最关切的方面和对目前生活工作的满意度；三是职工对公司及工会的期待。调研结果显示，国网天津静海公司职工在文学文化、体能竞技、技术创新、体质健康、女性关爱、道德素养六大方面呈现需求多元化特点。公司精准定位职工工作岗位、性别、年龄、家庭结构等属性，科学塑造主观幸福标准，创新提出职工关爱“静风海韵 361 度生态圈”体系。“361 度”由“360 度 +1 度”构成，“360 度”象征空间，代表生态圈内全方位的职工关爱与工作视角；“1 度”象征理念，代表“温度”，即把“关注人、关心人、关爱人”的工作理念融入日常管理工作当中。“3”代表对职工身心状态产生直接影响的三个外部核心系统，即企业系统、家庭系统、社会系统；“6”代表六大服务，即“静诊明断”职工体质健康提升工程、“精工巧思”职工技术创新提升工程、“竞能健体”职工体能竞技提升工程、“净云雅风”职工文学文化提升工程、“婧妍舒才”女职工关爱提升工程、“菁兰至清”职工道德素养提升工程；“1”代表1个生态圈，在管理模式下职工与企业、家庭、社会形成的一个具有“静风海韵”特色的命运共同体或生态系统。

国网天津宝坻公司积极发挥桥梁纽带作用，聚焦人文关怀，采用定量调查方法，通过线上平台发放职工需求调研问卷，精准对接基层职工所盼，把为职工办实事落到实处，多措并举开展关心关爱活动，聚焦五大方面以提升职工生活品质。以文体活动促提素养，根据国网天津宝坻公司的特色工作，充分发挥音乐协会作用，建设“电力音乐工厂”，并依托“电力音乐工厂”制定“电力音乐云计划”，建设文艺骨干队伍。建设职工文化中心，完善活动场地内部建设，满足职工健身需求。举办跨年迎新“健走迎冬奥，电靓宝坻行”健步走活动，增强职工锻炼身体的意识，鼓励职工积极参与到科学健身活动当中。以党建引领促积极进取，举办“百年正风华 信仰耀征程”主题晚会，重温百年来中国共产党带领中国人民走过的光辉历程和取得的伟大成就；举办“学党史、听党话、跟党走”党史故事展演，通过角色扮演，感知党的艰难，认识党的伟大，汲取和收获党的力量。以阅读促精神食粮汲取，深入推进全员“悦读行动”，开展线上系列读书分享活动，通过“电靓宝坻”微信公众号，分享推荐自己阅读的好书和读书心得，激发大家对读书的热情，从精神层面促进职工生活品质的提升。以加强关怀促体魄强健，举办“关爱促和谐 奋进新时代”问诊购药一站式服务系列活动，指导常用药服用注意事项等，并在饮食作息等日常生活方面给出科学合理的中医养生建议。开展健康沙龙巡讲活动，向职工宣传健康科普知识。以节日慰问促人心温暖，开展三八妇女节主题活动，为女职工及职工家属提前送上节日的祝福；举办端午节、中秋节等中国传统节日系列活动，让职工深切感受中华民族的优秀传统文化。

4. 保障贴心，严格落实福利待遇。

福利待遇与职工的客观生活水平和主观生活感受关联紧密，天津电力依法保障职工享受福利待遇的工作要求，按照有关制度规定，计提职工福利费用于改善职工生活条件；按照工会经费开支有关规定，建立重要节日慰问、生日关怀、生病探望、婚丧嫁娶慰问等制度；落实带薪年休假待遇，建立和完善职工疗休养制度，坚持做到“三必贺，四必访”，印发工会会员服务“一卡通”，切实做到想人之所想，急人之所急，不做无用功，不当“马后炮”。

（1）聚焦职工就医服务需求，积极争取当地主管部门支持和受托机构服务支撑，推进解决看病难、买药贵、结算繁等问题。充分发挥补充医疗保险的情感纽带作用，体现企业对职工的关爱，为队伍和谐稳定提供保障。一是积极开展政策宣贯，提升医疗保障服务品质。编制配套服务指南，开展线上线下多样化宣传，便于职工了解政策。实施驻点式常态化收票方式，让职工报销“少跑腿”，实现业务办理“一次完成”、报销支付“一次到位”，确保职工享受便捷的补充医疗保险服务。二是保障重点进一步向重特大疾病人员倾斜。建立重特大疾病保障，参考当地门诊特殊病种和商业保险重疾病种制定重特大疾病目录。建立公司重大疾病资格核定工作机制，公开、公正、公平开展重特大疾病资格审定，确保更多患重特大疾病职工享受政策，努力减轻重特大疾病职工的医疗负担，避免职工因病致贫。三是完善健康管理服务内容。为职工提供体检报告讲解、健康讲座、慢性病讲座等多样化健康管理增值服务，让职工真切感受到组织的关怀，拉近公司与职工的距离，提高职工满意度，使职工大病敢治、小病不拖，全面提升健康水平。

（2）引入互联网电商平台。互联网技术是解决精准发放职工福利难点的核心关键。引入互联网电商平台等社会化供应链资源是最优的实现路径，通过对天津市总工会“知工”平台、国家电网“爱如电”、“慧农帮”等平台、京东网上商城等不同类型的互联网电商平台多轮深度调研、探讨、沟通，与相关公司达成合作意向，免费开通职工福利专属界面，定制工会福利商品类目及套餐。通过项目化推进，找准职工多元化的需求，根据职工和商家的调研需求，调整优惠内容，通过发放商家优惠券、商家会员折扣、外卖优惠券等形式激发职工的消费欲望，提供更多元化的消费选择，职工可以获得形式更加多样、价格更加实惠、购买更加便捷的福利产品。

（3）开办美食体验课，提升职工饮食文化。

准确定位职工需求，提供内容丰富、形式多样的餐饮服务。以多维需求为导向，建好合理膳食的“加油站”。关注职工需求，丰富食堂菜品和特色食品种类，让各年龄段职工享用到适合口味的饭菜。以创新服务为导向，推出互动有趣的“体验课”。结合季节变化举办特色餐品手工制作活动，为职工提供制作平台，邀请职工或专业老师讲解代表性餐品手工制作过程，增强职工饮食文化知识，举办“夏日清凉幸福生活 DIY 冷饮”活动。以个性主体为导向，紧跟“互联网 +”的新趋势。开展“烹”然心动线上职工厨艺成果展示系列活动，鼓励职工通过剪辑配音等方式将美食制作的过程视频发布在“彩虹明灯”微信公众号，促进职工切磋交流美食制作方法，提升烹饪技术，陶冶生活情趣。以融合共促为导向，打磨探索创新的“试金石”。联络周边餐饮企业实行优惠政策。主动走访周边各大餐饮企业，根据职工需求，同对方协商优惠政策，对内部职工消费进行费用打折，为职工提供性价比高的优质服务和用餐水准。同时把关餐馆的卫生条件和食物质量，为职工提供一个安全可靠的用餐环境。

（4）提升职工艺术鉴赏水平。通过“乐享”艺术，感知身临其境。企业发放全年电影福利券，为职工和家属在影剧院观影提供便利。职工既可在影院观看种类多、范围广的影视作品，又可在剧院品味经典话剧、音乐剧、传统曲艺等，丰富了职工业余生活。通过“爱享”课堂，传承红色基因，弘扬爱国奋斗精神、建功新时代。通过“彩虹明灯”微信公众号定期推荐优秀影视作品，将优质红色影片以系列图文的形式展示给职工，并作介绍和推荐语，让推荐变得直观、具体，弘扬传统文化、进行爱国主义教育。通过“智享”生活，体味情思光影。鼓励职工写影评、观后感，并通过新媒体平台进行分享。在微信公众号开设“光影情思”专题，不定期推送高质量、有内涵的优秀影评，在提升个人写作能力和文学素养的同时，方便职工在业余时间可以快速找到自己喜好的影片资源，从光影中感悟人生百态，从故事里体会人间冷暖。

天津电力以多种方式建立职工福利格局、打造职工福利幸福感，全面把握职工福利与管理发展的核心需求、关键挑战与变化趋势，洞悉福利市场的最新方向，探索职工福利管理服务最佳实践，持续提升职工获得感、幸福感、安全感，做好职工的“娘家人”。

第四章

推进工作的关键举措

天津电力推进的“提升职工生活品质”项目涉及企业党委、工会、职能部门、群团组织及各类社会化组织等多个主体，各主体内部机制需要进一步统筹协调。“提升职工生活品质”作为一项整体性系统工程，在思想引领、物质基础与组织保障方面真正发挥了“5566”工作法的优势，充分调动一切可用资源，提升协商效率，不断形成并持续更新工作方法与经验，确保项目工作按计划高质量完成。

一、加强体系化推动

清晰明确的工作体系可以使工作流程、部门职责更加明确，避免出现权力分散、职责不明等问题，为部门之间的协作和管理提供必要的保证，确保各部门能够按照规定的步骤和程序科学有效地运行，从而提高工作效率。

（一）党委统揽强化组织领导

为更好满足职工美好生活需求，有效推动提

升职工生活品质试点任务的落实，天津电力党委构建联合组织体系，明确各组织机构职责分工，协同推进提升职工生活品质的各项举措高效落地。领导小组以董事长、党委书记为组长，公司董事、总经理、党委委员为副组长，公司总经理助理、副总师、一级职员、本部各部室主要负责人为组员，统筹负责公司提升职工生活品质试点工作；研究审议公司提升职工生活品质试点工作的思路、规划、实施方案；协调解决相关重大问题、讨论决策重大事项。以公司职工董事、党委委员、工会主席为主任的领导小组办公室，负责公司具体推动提升职工生活品质试点工作的实施；研究制定公司提升职工生活品质试点工作的思路、规划、实施方案；组织各项试点任务的统筹推进，收集分析工作进展情况，加强工作督导，总结提炼公司提升职工生活品质试点工作的经验成效。专家咨询组负责对公司提升职工生活品质试点工作进行政策指导，提出建设性意见建议，提升试点工作水平。根据公司提升职工生活品质试点工作需要临时组建的柔性团队，负责相关专项工作的研究策划、组织实施，有关会议的组织筹备等工作。

（二）工会统筹制定政策规划

天津电力按照“调研调动、先行先试、专业专注、有力有效”的工作原则，逐年制定下发《提升职工生活品质工作实施方案》，明确工作思路、时间表、路线图、任务清单和实施计划，强化纵向贯通和横向协同，为高质量推动试点任务搭建起“四梁八柱”。落实全国总工会试点单位先行先试要求，结合“为职工办实事”安排部署，在原有任务矩阵基础上，持续细化“品质铸造年”重点任务，力求形成特色鲜明、具有品牌影响力、可持续、可复制、可推广的职工服务范式。

（三）专业支撑优化服务供给

在天津电力党委的统一领导下，充分发挥工会统筹协调作用，会同人资、财务、后勤、法律等专业部门，加大创新探索实践，着力强化供给侧结构性改革，完善专业支撑的服务供给机制，形成齐抓共管工作局面。人力资源部门全面梳理涉及职工利益的子女求学（就业）、职工福利保障等问题，在“接地气”上下功夫，做到关口前移、重心下沉、服务上门，为职工梳理推送就业政策信息。后勤保障部门围绕解决职工就餐、新职工住宿、办公环境优化等问题，主动深入基层一线开展调研，问计于民、问计于需，加强“绿色食堂”、“健康食堂”建设，有效解决职工生产生活后顾之忧。财务、法律等部门充分发挥专业支撑作用，坚持“内引外联”，建立与外部法律部门和理财机构的合作机制，结合实际为职工提供法律政策咨询、推送理财信息等，扩大有效供给，更好地满足职工的个性化、多样化需要。

（四）要素集成落实服务保障

站在扩大内需战略的政治高度上，深化服务供给侧结构性改革，从“衣食住行”到“科教文卫”，加大社会资源全要素集成，保障服务全面升级。深化工作交流互鉴、强化资源整合共享、加强区域协同协作，与金融、住房、出行、医疗、健康、养老、托幼等行业和承担提升职工生活品质试点单位加强合作交流，进一步扩大“朋友圈”、拓展“服务圈”，探索建立多领域、多维度、多层面、多要素集合的全方位满足职工多元化需求共同体联盟，为职工自费的需求提供多种类的服务项目和优惠政策。通过工会政策互惠、资源共享、项目合作、服务同传，助力打通阻碍需求潜力激发的痛点，以高品质专业化服务增强职工消费意愿，更好地满足新时代下职工的核心诉求，构筑企业与职工命运共同体。

二、推动项目化管理

引入现代项目管理方法，将各项活动视为具有明确目标、预算和进度要求的项目。采用项目化的专业管理模式，有利于克服传统的组织结构导致的综合性项目难以协调的缺陷。

（一）目标实现一体化

推行目标一体化管理理念，以项目为载体，针对每一个项目的整体目标进行自上而下的分解和自下而上的汇总，分层明确目标。以各层次、各类型的目标为依据，构成有机的整体，随着不同层次目标的完成，保证项目目标的整体推进。

将提升职工生活品质的整体目标层层分解，确保每项分目标都有管理办法、管理措施、落实方案。按照实施方案，公司定期召开推进会，分析总结分解任务的开展情况，并对各项目的指标变化情况和进度进行全面系统的分析，及时进行相应调整，促进整体项目的顺利完成。在分解目标的同时，注重各分项目标与总体目标的整合，科学合理地设置项目组成员的岗位目标，形成全员参与、分工协作、全过程监控的整体管理方案。通过目标一体化的有效管理，确保项目实现预期目标。

（二）过程实施可控化

运作体系由项目组组织与实施，评估和考核环节紧密相连，相辅相成，构成一个有机整体。项目实施前，向领导小组提交具体的项目实施计划和方案，确认目标、难点、对策、效果、责任；执行过程中，领导小组对项目执行的全过程进行计划、组织、指挥、协调、控制和评价，确保项目有计划地实施并如期完成。项目评估和考核要充分考虑各方利益，尊重各方意见，建立广泛参与的评估机制；采取科学、合理的评估方法，进行全面、系统、综合的评估。

三、发挥品牌化引领

在总结、继承、发挥过去优秀经验，对其进

行优化、完善的基础上，以问题为导向，围绕试点任务，立足企业实际，选择试点单位，鼓励全面开展理念创新、模式创新、政策创新、制度创新、管理创新、方法创新，勇于突破体制机制瓶颈，探索构建新的服务机制，形成具有示范作用的基层品牌。对品牌项目进行提炼、总结，形成具有推广性、操作性的成果，参加全国总工会、天津市总工会组织的展示、交流活动，参与相关论坛、交流会和学术会议，听取各方意见，持续优化成果，打造服务职工的管理典范。

（一）试点落地

在试点单位选择方面，鼓励各基层单位根据本单位实际情况承接 1~2 项具体项目作为试点，前期编制项目的实施方案，明确推进思路、重点工作、组织结构、进度计划、保障措施等，中期根据实施方案有序开展各项相关工作，后期做好项目经验总结，提炼特色亮点，为公司全面推广提升职工生活品质工作做好支撑与案例提供。

在试点落地监控方面和任务推进过程中，建立进展反馈机制，采取“季度报告 + 实地考察”相结合的模式，对各项任务实施进展情况进行指导与协调，及时发现问题，有针对性地进行改善纠偏，确保各项举措全面落地。“季度报告”分别从本季度项目进展、亮点和经验、存在问题及解决措施、下季度重点工作、意见和建议等方面展开，旨在全面掌握试点单位项目推进情况。“实地考察”即不定期深入各试点单位调查了解项目推进情况、特色及创新点，分析进度、质量、成果等方面存在的问题，并有针对性地进行指导或给予相关政策和资金的支持。

（二）成效评估

坚持定量评价与定性评价相结合，分别从服务职工标准化、社会资源质量控制、职工满意度三个维度，建立服务职工标准化指标体系、社会资源质量控制指标体系及职工满意度指标体系，设定不同维度指标的权重，形成“职工生活品质指数”。

（三）经验推广

一是在总结成果方面，加强各项任务实施过程中的优秀做法、管理机制、创新模式的总结提炼，明确做法，总结编制原则、标准及要求，编制研究报告，并分年度、类别、层次策划形成各类典型经验，创新特色模式，形成《国网天津市电力公司提升职工生活品质典型经验集》，打造具有国网天津市电力公司特色的提升职工生活品质品牌，促进职工以更加饱满的精神状态投入本职工作。

二是在经验推广方面，对外加强与主流报刊、视频、网络媒体的合作，对内充分利用“津电之家”、“津电心服务”等微信公众号以及班组微讲堂、职工大讲堂等平台，将提升职工生活品质的特色做法、管理机制、成果成效等以图片、文字、短视频等多种形式予以广泛宣传。线下组织召开成果展示会、交流会、现场会等，交流讨论各单位在试点任务过程中的管理经验、典型案例、特色成果，促进跨单位间的学习与提高。此外，加强对典型经验落地操作过程中的应用指导和培训，建立长效机制，实现成熟经验模式的可复制、可推广、可持续。

四、着眼数字化助力

当前，新一轮科技革命和产业革命席卷全球，数字经济在改变着人们的生产生活方式的同时，也为提升职工生活品质提供了新手段。充分应用新技术，强化天津市总工会和现有智慧工会平台的功能，打造数字化、精准化、平台化、生态化、线上线下融合的职工服务模式，及时掌握职工个性化需求，全面提升服务职工的准确性、便捷性、响应度、互动性。

充分利用“津电之家”、“津电心服务”等微信公众号新媒体平台，打造全方位、立体的网上工会宣传阵地，积极开放自有运营后台实现信息资源的一键发布，为职工提供学习、技能提升的良好氛围，从而互动互推，形成矩阵效应，实现资源共享、共同发声，传递引导舆论的强大正能量。通过内部信息交流平台、即时通信工具加强工会与职工的互动和沟通，及时了解职工的意见和诉求，促进工会与职工之间的信任和情感联系，增强职工的归属感和参与度。

通过信息化平台，深度运用国家电网“S365”等 App，策划网上网下互动融合的趣味活动，使活动组织更加便捷高效。实现工会活动线上组织、线下参与，让职工能够随时随地在网上找到工会组织，参与活动、享受服务，丰富职工的业余文化生活，增强工会组织的服务力、凝聚力、战斗力和影响力。探索搭建场地预约共享平台，有效提高文体活动场地利用率；可根据反馈信息进行数据分析，为兴趣小组更高效地开展活动提供决策依据；职工可以获取全年参加活动的信息，更有成就感，激发了参加文体活动的热情；可以获取个人体质监测指标，获得个性化的指导建议及改善方案，使运动更加科学。工会可在后台对各类活动进行审核，对各兴趣小组工作进行动态监测、科学评价，为工会面向全体职工组织开展文体活动提供决策依据。

通过智慧平台对职工需求、行为和偏好等数据的收集和分析，工会可以更加准确地了解职工的需求和问题，制定出精准的决策和措施。整合优质供应商资源，为职工提供全天候全方位的普惠性服务，满足职工对福利的多样性需求，提高工会发放福利的效率和便捷程度，使职工获得更好的福利体验。

五、推进多元化融合

在内部资源供给方面，确保资金的投入。提

升职工生活品质的资金主要来自行政资金、职工福利费以及工会经费三方面。行政资金主要用于改善职工生产生活条件、购置职工医疗健康设备等；职工福利费主要用于提升职工健康体检、补充医疗保险、健康疗养和餐饮水平等；工会经费主要用于开展职工普惠服务、工会会员福利政策落实、职工医疗互助、职工慰问活动等。夯实物资保障，为文体活动场所改建、健身运动设施配备、住宿环境改善等提供充足的物资供给，并秉持“精益配置”的原则对相关物资设备进行管理。强化人才保障，构建内外部提升职工生活品质的人才队伍，为各项任务落地做好宣传推广、信息收集、政策解答、专业指导等工作。做好平台保障，加强“大云物移智”新技术应用，不断深化智慧工会建设，拓宽“津电心服务”、“津电之家”应用功能，打造职工生活关爱智能化平台，充分发挥网络平台的支撑作用，为职工提供更加丰富和高效的模块化智慧管理和服务。

在利用外部资源方面，明确资源利用范围，加强与外部社会机构、医疗机构、公益慈善、线上服务平台等与提升职工生活品质紧密相关的机构或企业合作交流，建立不同类型、不同主体的外部合作单位库，形成纵横交织的立体合作架构。明确资源利用方式，建立在子女托管、绿色就医、生活购物等方面的合作共享“产消融合”机制，探索资源供应、运营支撑、共建共享等不同的合作方式，充分利用外部的专业化资源，借助其专业优势，为广大一线职工提供更加精准、高效、全面、贴心的服务。明确资源利用步骤，前期建立合作资源的全面调研分析机制，对合作单位的服务产品、基本实力、信用和信誉等方面进行研究，确保社会资源的质量；中期建立合作监控机制，不定期抽查合作单位提供的服务质量，并建立合作单位满意度评价机制及多方比质比价机制，形成良性的竞争生态。

第五章

工作成效与展望趋势

作为提升职工生活品质的首批试点单位，天津电力面对新使命、新挑战，转变思维、勇于突破、先行先试、做好“举旗人”，以工作法创新做好提升职工生活品质试点项目，不断实现个人发展与企业发展的协调统一，总结形成了具有启示意义的经验成果，为企业自身的长足发展探索新路径、注入新动能。

一、精准服务的实践成果

天津电力提升职工生活品质试点项目成果丰硕，创新提出“5566”工作法，全面回应职工美好生活需要，助力职工系统提升生活品质，促进职工全面发展，赋能企业高质量发展，铸造堪当时代电力事业大任的“大国重器”。

（一）实现职工职业全面发展

提升职工生活品质项目有效解决了天津电力广大职工更为深层的生活隐忧，回应了职工对美好生活需要的热切期盼。提升职工生活品质的着眼点从保障生活逐渐转向对实现个人全面发展的追求，在工作岗位中体现为对工作能力的提升与工作方法的优化，并涌现了众多优秀专家骨干与先进个人模范。

“时代楷模”张黎明作为新时代产业工人的杰出代表，两次参加全国党代会，10 次现场聆听习近平总书记重要讲话。作为国家电网和天津市唯一代表走上“党代表通道”并在《新闻联播》中予以专题报道，同时，受邀到人民日报社天津分社等宣讲 26 次，在国家电网专题部署会上作典型发言，被中宣部授予全国基层理论宣讲先进个人。在时代楷模的引领下，涌现了“中国好人”王娅、苏朝阳，“全国劳模”黄旭等一批先进模范，国家级人才逐年增长，首次实现国网首席专家“零突破”，首获技能人才培养最高荣誉。

进入新时代以来，先后有 202 名职工荣获全国及省部级劳动模范、五一劳动奖章等，95 个单位受到表彰或被评为中央企业、天津市先进集体。天津电力先后被评为全国厂务公开民主管理先进单位、示范单位，全国“安康杯”竞赛优胜单位、示范单位，全国模范职工之家。公司累计建成63个劳模创新工作室，其中全国示范性劳模和工匠创新工作室1个、天津市示范性劳模和工匠创新工作室3个。省部级及以上竞赛表彰人数总量翻番，呈现“人人学先 人人争先”喜人态势。“推土机”精神成为鲜明标识，队伍作风素质、口碑形象全方位升级，锻造了一支无往而不胜的电网铁军。

（二）共同促进企业高质量发展

提升职工生活品质项目帮助职工解决生产之外的后顾之忧，达成工作与生活的良好平衡，让职工积极投入生产创造，企业硬实力也不断获得全方位提升。许多重大工程项目顺利完成，创新队伍日益壮大，企业名誉保持高位并稳中有进。

历时三年竣工的“1001 工程”是天津电力完成的史上最大规模投资建设，资源配置、安全保障、清洁能源消纳能力得到大幅提升，建成了一张崭新的天津电网，首创10千伏“雪花网”结构，有力保障了城市的稳定发展。三个周期的输配电价稳中有进，新兴产业蓬勃发展，经营质效跃居系统前列。受阻10年的电网工程全部突破完成，一批“老大难”问题得以解决，“走进历史”。落成全国首座“数字化、网联化、智能化”新能源车综合服务中心、建成首个省级综合能源服务中心、首批智慧能源小镇、城市能源大数据中心等一批“大手笔”项目，全国首批通过国家数据管理能力成熟度评估的 4 级认证，建成全国首家政企合作的电力双碳中心，一批“双碳”成果在联合国气候大会面向全球各国展示，连续举办四届世界智能大会城市能源革命高峰论坛，“小站模式”、承诺制“放管服”等新模式在系统内推广。

天津电力作为国家电网系统内唯一的省公司，入围国务院国资委“双百企业”，引领示范效应进一步彰显，从“领先一步”到“领跑一路”，大踏步走在了国网前列、行业前列。经过全体职工的共同努力，天津电力从点式创新向全面创新、条线创新向融合创新加速突破，追逐前沿成为自觉习惯，争当先锋成为目标追求，开创了天津电网史上发展速度最快、面貌变化最大、质量效益最好的黄金发展期。

（三）不断实现企业社会价值

提升职工生活品质项目提升了职工对企业的认同感与归属感，打造了职工企业共同体。职工在奋斗中积极承担社会责任，服务社会发展，将职工自身的“辛苦指数”转化为事业的“发展指数”与群众的“满意指数”，不断为国家电力事业做出更大贡献，当好国家战略的“标兵”、“排头兵”、“急先锋”。

天津电力以“钉钉子”精神落实习近平总书记来津视察的重要指示精神，自觉融入能源革命先锋城市大局，以服务立足天津、以担当彰显价值。“1001 工程”、电力“双碳”先行示范区等数十项重点工作写入天津市党代会报告和政府工作报告，从“电力动能”到“智慧动能”、“精神动能”，从“树立了改革创新、奋发奋斗的样板”到“不可替代的保障”，在城市发展中的影响力、话语权显著提升。广大干部职工认真践行“人民电业为人民”企业宗旨，迎酷暑、斗严寒，提前一年完成农网改造升级和“煤改电”改造，让百万居民告别了烟煤取暖，同时，出台百余项电力服务新举措，“获得电力”走进全国前列。战疫情、保供电，全力以赴支援湖北抗疫、河南抢险、首都保电、涿州抗洪等一线，快速响应支援社会突发事件应急处置，赢得了广泛赞誉。国网天津市电力公司获评中国五星级诚信企业，并作为唯一省公司荣登“企业社会责任·中国榜”。

（四）持续提升企业党建质量

提升职工生活品质项目根本上是对党“增进民生福祉，提高人民生活品质”要求的贯彻落实，是走好党的群众路线的生动体现。人民群众满意了，党的执政基础才能巩固，党的组织才能更加牢靠，党的领导才能更加有效。天津电力党委落实新时代党的建设总要求和党的组织路线，党建引领全面加强。

天津电力党委大力实施“旗帜领航”党建工程，纵深推进“两个一以贯之”，党的建设得到系统性重塑和根本性加强，党建考核保持系统前列。“黎明出发 点亮万家”实践入选国务院国资委品牌建设典型案例，“党建＋”工程任务体系入选中国工业企业创新案例。创新实施“三基四力”工作体系，意识形态总体向上向好。严肃查处违规违纪行为，减存遏增态势持续巩固。

天津电力党委获评中央企业先进基层党组织，主要负责同志获评全国优秀党务工作者。天津电力党校首次获评“中国企业教育先进单位百强”。天津电力党委紧跟步伐，在历次主题教育中不断地淬炼信念、探索实践，努力实现创新破题、改革破难、开放破局，央企姓党的初心越来越浓、底色越来越红，已成为系统内外干事创业的一面旗帜。

二、工作经验启示

提升职工生活品质工作具有很强的政治性、科学性、领先性和协同性。在过程中探索形成的“5566”工作法不仅对提升职工生活品质具有重要保障作用，而且对全面提升职工服务感受有重要意义，探索过程中主要有以下五点启示。

（一）精准定位服务跑道

提升职工生活品质牢牢站稳解决职工“急难愁盼”这一跑道，广泛调研职工在基础需求、安全需求、福利需求、精神需求等不同层次需求的前提下，采取“清单式”管理方法，分解职工服务需求，制定试点任务目录清单，明确各试点任务的方向、重点、举措及预期目标。在各项试点任务推进过程中，引入“项目化”管理理念，形成“一任务一项目”格局。为更准确、更翔实地把控项目实施内容，由各试点单位组织开展内部调研，收集调研数据，分析职工的具体需求，并在此基础上编制试点项目详细推进计划，确保做到精准建设、精准优化、精准服务。

（二）分类施策聚力攻坚

在充分结合全国总工会试点工作要求天津电力服务职工工作实际的基础上，对确定的提升职工生活品质各项任务按照“严格落实类、优化完善类、探索创新类”三种类型进行分类。对于严格落实类试点任务，依照天津电力的规章制度严格执行、规范执行、常态执行；对于优化完善类试点任务，基于天津电力服务职工工作基础，定位职工新需求，动态持续地改善服务阵地、服务平台、服务内容；对于探索创新类试点任务，面向新时代把握新趋势，突破天津电力当前服务格局和服务范围，创新服务模式和服务产品。

（三）融入融合激发热情

与提升职工素质融合，搭建职工技术创新、

劳动竞赛、技能比武平台，建立师带徒、老带新机制，提升职工队伍能力素质，为职工展现自我、展示风采提供更多机会；与职工文化建设融合，通过开展全员“悦读”行动、开展文化体育活动、加强文化阵地建设等试点任务，积极打造健康文明、昂扬向上、全员参与的职工文化，激发职工工作热情与活力；与民主管理工作融合，充分结合建言献策、合理化建议、诉求管理、思想动态调研等民主内容，多角度、多层面挖掘职工的真实需求，更好地维护职工的合法权益。

（四）汇聚资源服务共赢

从“供给侧”和“需求侧”两端发力，统筹社会、企业、职工三个层面的合力，以“开放生态”为基本理念，在职工子女托管服务、职工家庭养老帮办服务、家政服务等试点任务上，加强与社会头部企业、线上平台、服务机构的合作，通过严控社会资源服务质量，建立同类企业竞争机制，搭建多样化的合作模式，形成“产消融合”良性机制，逐渐将服务职工的触角由职工个人延伸到职工家庭，做到社会资源与职工需求精准对接。

（五）试点经验复制推广

试点的作用是探索打造各项任务实施的方法、途径及模式，其最终导向是形成成套化管理体系、举措、标准，使其具备可操作性、可复制性、可推广性。基于此，在各项试点任务开展过程中，需坚持“边实践、边探索、边总结”，加强过程性跟踪、梳理，及时总结出做法可复制、成效突出的典型经验和典型模式，面向其他相关单位进行宣传推广，进而推动天津电力整体形成浓厚的提升职工生活品质氛围。其中，国网天津武清公司围绕驻地央企二级单位运营规律、双重管理、职工规模等特点，结合承担省级工会提升职工生活品质试点任务，研判现阶段服务职工面临的形势任务，建立“一体双循环、全要素赋能”工作体系，制定“品质创享、品质铸造、品质提升”三年工作方案，推动建立了“五维一体”推动路径，实施“品质+”赋能六大工程，为天津电力探索建立职工服务体系奠定了坚实基础。截至2023年底，天津电力下属12家基层单位被天津市总工会确立为提升职工生活品质试点单位。

三、促进企业职工的“价值共创”

在天津电力的科学探索实践中，提升职工生活品质项目获得明显飞跃与提升，服务职工的工作成果显著，积累了较为丰富的可行经验与可推广模式，为今后的工作开展打下了坚实基础。天津电力党委将全面贯彻党的二十大精神，深入学习贯彻习近平总书记关于工人阶级和工会工作的重要论述，以习近平总书记在同中华全国总工会新一届领导班子成员集体谈话时的重要讲话为遵循，基于试点工作经验成果，规划细化年度试点实施方案，全面推进所有建设任务落地实施，对广受职工欢迎的举措持续优化提升；同时大力探索创新服务机制及服务模式，积极引入优质社会资源，加强养老帮办、家政服务、子女托管、精准福利商品供应等领域的试点项目探索创新，打造“价值共创型”服务模式，在该过程中积极搭建系统内外部交流平台，学习借鉴其他单位优秀经验，填补工作空白，促进提升职工生活品质工作更加专业化、特色化、精准化，不断实现职工对美好生活的向往。

（一）促进职工家庭与工作平衡

工作和家庭是个人生活中最重要的场所，二者互相支撑、彼此增益的和谐关系，可以提高个人的生活幸福感、工作满意度，最终提高全社会的福祉。在经济和社会的转型时期，高老龄化、高工作压力的社会背景下，职工的工作压力日益加剧，个人往往由于精力、资源、时间的有限性而难以平衡工作和家庭，进而引发工作家庭的冲突，导致职工家庭与工作的失衡。促进职工家庭与工作平衡成为天津电力不断提升职工幸福感的重要抓手与长期工作。

职工家庭与工作平衡的实现，检验的是企业工会对职工的关爱向家庭延伸的有效性，本质上是对企业工会物质保障与人文关怀能力的立体考察，也是对企业工会工作细化度的挑战。促进职工工作与家庭的平衡，不仅是对国有企业履行社会责任的考验，让更多的人享受到发展成果，更是对我国工人阶级地位的高度认可与尊重的体现。经过一段时间的实践探索，天津电力提升职工生活品质的工作相对完善，机制较为健全，进一步将工作范围拓展到对职工家庭整体生活品质的全面提升，将与职工直接关联的社会关系对象纳入统一的服务体系当中。

（二）建设卓越高效的幸福型企业

提升职工生活品质是一项永不停步的事业，天津电力在不断地重新塑造企业内部的劳动关系与文化环境。在企业“生态改良”的过程中，不断形成为职工提供高质量服务的新平台和新环境，同时关注职工的个人发展和福利待遇，强调企业社会责任，实现职工的工作满意度和幸福感的“生态循环”，促进企业的可持续发展。天津电力将在实现共同富裕的中国特色社会主义现代化道路上阔步前进，以职工为中心和发展为职工、发展靠职工的原则始终引领着天津电力寻找新型的发展动力与价值。

（三）打造职工与企业的命运共同体

国有企业队伍先进性是体现中国特色、彰显制度优势的最鲜明标识，是应对百年未有之大变局、发挥“大国重器”、“顶梁柱”作用的底气所在。天津电力提高职工生活品质项目代表了企业服务职工、关心职工、奉献职工的集体主义精神，代表了企业始终紧紧依靠职工办企业，凝聚了人心，团结了力量，以集体带动个人，深层激发出职工队伍的集体主义精神，进一步投身于国家和企业钢铁般的事业，不断淬炼成一支钢铁般的队伍，以“群体先进”风貌铸就世界一流企业。在心手相连的电力事业奋斗进程中，企业与职工将勠力同心，踔厉奋发，不断形成职工与企业深度联结的命运共同体，走出一条中国特色省级电网企业高质量发展之路。

后 记

《“5566”工作法：精准服务提升职工生活品质》是“中国工会创新工作法”丛书之一。

本书主要聚焦国网天津市电力公司工会通过实施“5566”工作法精准服务提升职工生活品质的典型经验，为各企业工会提供参考。该工作法从酝酿构思到形成文稿，凝聚了全体参与人员的辛勤劳动，是集体智慧的结晶。参加本书编写的主要人员有：赵亮、周建、董新、白春钢、王霞、刘加喜、高猛、马崇、周政、刘东华、曹北建、赵歌、王骏、杜颖康、陆静思。王晗、俞璐、苏靖祥、王彬、程志欣、单增礼、陈靖等同志为本书编写提供了重要协助。

由于编者水平有限，本书难免存在不足和疏漏之处，诚恳欢迎广大读者批评指正。

图书在版编目（CIP）数据

“5566”工作法：精准服务提升职工生活品质 /
国网天津市电力公司工会编著. —北京：中国工人出版社，2023.10
ISBN 978-7-5008-8264-0

Ⅰ. ①5… Ⅱ. ①国… Ⅲ. ①电力工业－工业企业－工会工作－天津 Ⅳ. ①D412.821

中国国家版本馆CIP数据核字（2023）第174130号

“5566”工作法：精准服务提升职工生活品质

出 版 人 董 宽
责任编辑 张姗姗
责任校对 张 彦
责任印制 栾征宇
出版发行 中国工人出版社
地　　址 北京市东城区鼓楼外大街45号　邮编：100120
网　　址 http://www.wp-china.com
电　　话 （010）62005043（总编室）
（010）62005039（印制管理中心）
（010）62382916（工会与劳动关系分社）
发行热线 （010）82029051　62383056
经　　销 各地书店
印　　刷 北京中科印刷有限公司
开　　本 787毫米×1092毫米　1/32
印　　张 4.75
字　　数 60千字
版　　次 2024年3月第1版　2024年3月第1次印刷
定　　价 38.00元